ARCHE

Lucia Berlin zoomt das Leben heran: eine erste Liebe, eine Amour fou, scheiternde Ehen, kurze Affären. Immer wieder die Familie, vor allem die sterbende Schwester, aber auch der Kampf mit dem Alkohol, die Einsamkeit, das schlechte Gewissen den Söhnen gegenüber. Lucia Berlins unsentimentaler, zugleich von tiefen Gefühlen geprägter Blick auf die Wechselfälle des Lebens und der dunkle, pointierte Humor machen diese Erzählerin einzigartig und zeitlos modern.

Lucia Berlin, 1936 in Alaska geboren, war dreimal verheiratet und wurde Mutter von vier Söhnen, die sie allein erzog. Ihre Erzählungen, entstanden in den 1960er- bis 1980er-Jahren, wurden in Zeitschriften und später in drei Bänden veröffentlicht. In den 1990er-Jahren war sie Dozentin an der Universität von Boulder, Colorado. Sie starb 2004 in Marina del Rey. Mit ihrer Wiederentdeckung 2015 in den USA durch den Sammelband *A Manual for Cleaning Women* fand sie endlich die weltweite Anerkennung, die ihr gebührt. Eine erste Auswahl daraus erschien 2016 unter dem Titel *Was ich sonst noch verpasst habe* im Arche Verlag auf Deutsch und wurde ein Bestseller. www.luciaberlin.com

LUCIA
BERLIN

Was wirst du tun, wenn du gehst

Stories

Aus dem amerikanischen Englisch und
mit einem Nachwort von Antje Rávic Strubel

ARCHE

Ungekürzte Taschenbuchausgabe
1. Auflage 2018

Die 13 ausgewählten und neu zusammengestellten Erzählungen in diesem Band wurden dem 2015 im Verlag Farrar, Straus and Giroux LLC, New York, erschienenen amerikanischen Sammelband *A Manual for Cleaning Women. Selected Stories* entnommen.

Umschlaggestaltung: Cornelia Niere, München
Umschlagmotiv: © 2015 Literary Estate of Lucia Berlin LP
Satz: Pinkuin Satz und Datentechnik, Berlin
Druck und Bindung: GGP Media GmbH, Pößneck
Printed in Germany
ISBN 978-3-7160-4016-4

www.arche-verlag.com
www.facebook.com/ArcheVerlag

Inhalt

Eine Frage der Perspektive

Stellen Sie sich Tschechows Erzählung *Trauer* in der ersten Person Singular vor. Ein alter Mann erzählt uns, dass sein Sohn gerade gestorben ist. Es wäre uns peinlich, unangenehm, wir wären sogar gelangweilt, würden also genauso reagieren wie die Gäste des Kutschers in der Geschichte. Aber Tschechows unparteiische Stimme stattet den Mann mit Würde aus. Wir sind durchdrungen vom Mitgefühl des Autors für diesen Mann und tief bewegt, wenn nicht vom Tod des Sohnes, so doch von diesem alten Mann, der mit seinem Pferd spricht.

Ich glaube, das liegt daran, dass wir alle ziemlich unsicher sind.

Ich meine, wenn ich Ihnen die Frau, über die ich gerade schreibe, so vorstellen würde …

»Ich bin eine alleinstehende Frau Ende fünfzig. Ich arbeite in einer Arztpraxis. Ich fahre mit dem Bus nach Hause. Jeden Samstag mache ich die Wäsche und gehe dann zu Lucky's einkaufen, ich kaufe den *Sunday Chronicle* und gehe nach Hause.« Sie würden sagen, verschonen Sie mich!

Aber meine Geschichte beginnt so: »Jeden Samstag nach dem Waschsalon und dem Lebensmittelladen kaufte sie den *Sunday Chronicle.*« Sie hören sich all die zwanghaften, obsessiven, langweiligen kleinen Details des Lebens dieser Frau – Henrietta – nur an, weil das Ganze in der dritten Person geschrieben ist. Sie denken: Verdammt, wenn die Erzählerin der Meinung ist, es gibt irgendetwas an diesem trostlosen Geschöpf, worüber es sich zu schreiben lohnt, muss da auch etwas sein. Ich lese mal weiter und schaue, was passiert.

Nichts passiert, genau genommen. Im Grunde ist die Geschichte noch nicht einmal geschrieben. Ich hoffe jedoch, die Frau mithilfe ausgefuchster Details so glaubwürdig machen zu können, dass Sie nicht umhinkommen, mit ihr zu fühlen.

Die meisten Schriftsteller verwenden Requisiten und Kulissen aus ihrem eigenen Leben. Beispielsweise isst Henrietta ihr bescheidenes Abendbrot immer auf einem blauen Platzdeckchen mit erlesenem schweren italienischen Besteck. Ein sonderbares Detail, scheinbar unpassend für diese Frau, die Ermäßigungsgutscheine für Handtücher von Brawny ausschneidet, aber es weckt die Neugier der Leser. Zumindest hoffe ich das.

Ich glaube nicht, dass ich in der Geschichte irgendetwas erklären werde. Ich esse selbst mit so einem eleganten Besteck. Letztes Jahr habe ich sechs Sets aus dem Weihnachtskatalog des Museum of Modern Art bestellt. Sehr teuer, hundert Dollar, aber die Sache schien es mir wert zu sein. Ich habe sechs Plätze und sechs Stühle. Vielleicht veranstalte ich ein Abendessen, dachte ich damals. Es stellte sich jedoch heraus, dass es sechs Einzelteile waren, die zusammen hundert Dollar kosteten. Zwei Gabeln, zwei Messer, zwei Löffel. Ein Set. Es war mir peinlich, sie zurückzuschicken; ich dachte, na gut, vielleicht bestelle ich mir nächstes Jahr noch eines.

Henrietta isst mit ihrem hübschen Besteck und trinkt Calistoga-Wein aus einem Becher. In einer hölzernen Schüssel hat sie Salat und auf dem Teller Diätkost. Während sie isst, liest sie die Rubrik *This World,* in der alle Artikel von demselben Menschen geschrieben zu sein scheinen.

Henrietta kann den Montag nicht erwarten. Sie ist in Dr. B. verliebt, den Nierenfacharzt. Viele Krankenschwestern sind verliebt in »ihre« Ärzte. Eine Art Della-Street-Syndrom.

Dr. B. hat seine Praxis über dem Nierenfacharzt, für den ich einmal gearbeitet habe. In den war ich ganz bestimmt nicht verliebt. Ich machte manchmal Witze und sagte, wir hätten eine Hassliebe. Er war so voller Hass, dass es mich daran erinnert haben muss, was aus Liebesbeziehungen wird. Manchmal.

Allerdings war Shirley, meine Vorgängerin, in ihn verliebt. Sie zählte alle Geburtstagsgeschenke auf, die sie ihm gegeben hatte. Den Gärtner mit dem Efeu und das kleine Messingfahrrad. Den Spiegel mit dem mattierten Koalabär. Das Stifte-Set. Sie sagte, er hätte alle Geschenke gemocht außer dem Fahrradsattel aus wuschliger Schafswolle. Den musste sie gegen Fahrradhandschuhe eintauschen.

In meiner Geschichte lacht Dr. B. Henrietta wegen des Sattels aus, er macht sich richtig lustig und ist gemein zu ihr, wie er das auch wirklich oft sein konnte. Das wird sogar der Höhepunkt der Geschichte, wenn ihr klar wird, welche Verachtung er ihr entgegenbringt und wie jämmerlich ihre Liebe ist.

Am ersten Tag, als ich dort arbeitete, bestellte ich Papierkittel. Shirley benutzte welche aus Baumwolle. »Blaues Karo für die Jungs, rosa Rosen für die Mädchen.« (Die meisten unserer Patienten waren so alt, dass sie Gehhilfen benutzten.) Jedes Wochenende schleppte sie die Wäsche im Bus nach Hause und wusch sie nicht nur, sondern stärkte und bügelte sie auch noch. Meine Henrietta werde ich dasselbe tun lassen … Bügeln am Sonntag, nachdem sie ihre Wohnung sauber gemacht hat.

Natürlich geht es in meiner Geschichte viel um Henriettas Gewohnheiten. Gewohnheiten! An sich ist nicht viel gegen sie zu sagen, sie hören bloß nie auf. Jeden Samstag, Jahr für Jahr.

Jeden Sonntag liest Henrietta die rosa Seiten. Zuerst das Horoskop, immer auf Seite 16, das ist die Gewohnheit der Zeitung. Gewöhnlich haben die Sterne flotte Sachen über Henrietta zu sagen. »Vollmond, sexy Skorpion, du weißt, was das bedeutet! Mach dich darauf gefasst, dass es knistert!«

An Sonntagen, nach dem Saubermachen und dem Bügeln, bereitet Henrietta sich etwas Besonderes zum Abendessen zu. Gebratenes Stubenküken. Instant-Füllung und fertige Cranberrysoße. Erbsen in Sahne. Und zum Nachtisch einen Schokoriegel.

Nach dem Abwasch schaut sie *60 Minuten.* Nicht, weil sie sich besonders für die Sendung interessiert. Sie mag die Leute. Diane Sawyer, so kultiviert und hübsch, und die Männer alle solide, verlässlich und sachkundig. Es gefällt ihr, wenn sie sorgenvoll den Kopf schütteln. Am besten findet sie die große Uhr. Der Minutenzeiger und das Tick-Tack-Tick der Zeit.

Dann schaut sie *Murder, She Wrote,* was sie nicht mag, aber es kommt nichts anderes.

Es fällt mir schwer, über den Sonntag zu schreiben. Das lange, leere Gefühl von Sonntagen zu spüren. Keine Post und Rasenmäher in der Ferne, die Hoffnungslosigkeit.

Oder wie beschreibt man Henriettas Gier auf Montagmorgen. Das Tick-Tick seiner Fahrradpedale und das Klicken, wenn er seine Tür abschließt, um in seinen blauen Arztanzug zu wechseln.

»Schönes Wochenende gehabt?«, fragt sie. Er antwortet nie. Er sagt nie Hallo oder Auf Wiedersehen.

Abends hält sie ihm die Tür auf, wenn er sein Fahrrad nach draußen schiebt.

»Auf Wiedersehen! Machen Sie's gut«, sagt sie lächelnd.

»Was soll ich gut machen? Verdammt noch mal, hören Sie auf damit.«

Aber wie gemein er auch zu ihr ist, Henrietta glaubt, dass es zwischen ihnen eine Verbindung gibt. Er hat einen Klumpfuß und hinkt heftig, während sie Skoliose hat, eine Rückgratverkrümmung. Einen Buckel, genau genommen. Sie ist gehemmt und schüchtern, kann seinen Sarkasmus aber nachvollziehen. Einmal hat er gesagt, sie habe zwei Eigenschaften, die sie zur Krankenschwester qualifizierten … »dumm und unterwürfig«.

Nach *Murder, She Wrote* badet Henrietta, verwöhnt sich mit nach Blumen duftenden Badekugeln.

Während sie sich Lotion auf Gesicht und Hände reibt, schaut sie die Nachrichten. Sie hat Teewasser aufgesetzt. Sie mag den Wetterbericht. Die kleinen Sonnen über Nebraska und North Dakota. Regenwolken über Florida und Louisiana.

Sie liegt im Bett und trinkt Einschlaftee. Sie wünscht sich, sie hätte noch ihre alte Heizdecke mit dem Schalter SCHWACH-MITTEL-HEISS. Die neue Decke wurde als die »Intelligente Heizdecke« beworben. Die Decke weiß, dass es nicht kalt ist, also wird sie nicht heiß. Sie wünscht sich, sie würde heiß werden, wohlig. Die Decke ist zu klug! Sie lacht laut auf. Das Geräusch ist erschreckend in dem kleinen Zimmer.

Sie schaltet den Fernseher aus und trinkt den Tee in kleinen Schlucken, horcht auf die Autos, die an der Arco-Tankstelle auf der anderen Straßenseite ankommen und abfahren. Manchmal bremst eines der Autos quietschend vor der Telefonzelle. Eine Autotür schlägt zu, und schon rast der Wagen davon.

Sie hört, wie jemand langsam vor die Telefonzelle fährt. Laute Jazzmusik dringt aus dem Auto. Henrietta schaltet das Licht aus, zieht die Jalousie neben dem Bett auf, nur ein wenig. Das Fenster ist beschlagen. Im Autoradio läuft Lester Young. Der Mann am Telefon hält den Hörer mit dem Kinn.

Er wischt sich mit einem Taschentuch über die Stirn. Ich lehne mich ans kühle Fensterbrett und beobachte ihn. Ich höre dem süßen Saxofon zu, das *Polka Dots and Moonbeams* spielt. Auf das beschlagene Glas schreibe ich ein Wort. Was? Meinen Namen? Einen Männernamen? Henrietta? Liebe? Was immer es ist, ich lösche es schnell, bevor es irgendjemand sieht.

Albern, wer da weint

Einsamkeit ist ein angelsächsisches Konzept. Wenn du in Mexico City die Einzige im Bus bist und jemand einsteigt, dann wird er sich nicht nur neben dich setzen, er wird sich an dich anlehnen.

Wenn meine Söhne zu Hause waren und in mein Zimmer kamen, hatten sie dafür meistens einen besonderen Grund. Hast du meine Socken gesehen? Was gibt es zum Abendessen? Auch wenn jetzt die Glocke am Tor schellt, heißt es: Hallo, Mama! Lass uns zum Spiel der Athletics gehen, oder: Kannst du heute Abend auf die Kinder aufpassen? Aber in Mexiko kommen die Töchter meiner Schwester drei Treppen hoch und durch drei Türen, einfach, weil ich da bin. Um sich an mich zu lehnen oder zu fragen: *Qué honda?*

Ihre Mutter Sally schläft lautlos. Sie hat Schmerztabletten und ein Schlafmittel genommen. Sie hört nicht, wie ich im Bett neben ihrem Seiten umblättere, huste. Wenn Tino, ihr fünfzehnjähriger Sohn, nach Hause kommt, gibt er mir einen Kuss, tritt an ihr Bett und legt sich neben sie, hält ihre Hand. Er gibt ihr einen Gutenachtkuss und geht in sein Zimmer.

Mercedes und Victoria haben eigene Wohnungen auf der anderen Seite der Stadt, aber sie kommen jeden Abend vorbei, obwohl ihre Mutter nicht aufwacht. Victoria streicht Sally über die Stirn, schüttelt Kissen und Decken zurecht, malt mit einem Filzstift einen Stern auf ihren kahlen Kopf. Sally stöhnt im Schlaf, legt die Stirn in Falten. Halt still, *Amor,* sagt Victoria. Ungefähr um vier Uhr morgens kommt Mercedes, um ihrer Mutter Gute Nacht zu sagen. Sie ist Bühnenbildnerin beim Film. Wenn sie arbeitet, dann Tag und Nacht. Auch sie schmiegt sich eng an Sally, singt für sie, gibt ihr einen Kuss auf den Kopf. Sie sieht den Stern und lacht. Victoria war hier! Tía, bist du wach? *Sí. Oye!* Lass uns eine rauchen. Wir gehen in die Küche. Sie ist sehr müde, schmutzig. Steht vor dem offenen Kühlschrank, starrt hinein, seufzt, macht ihn zu. Wir rauchen und teilen uns einen Apfel, sitzen zu zweit auf dem einzigen Stuhl in der Küche. Sie ist glücklich. Der Film, den sie drehen, ist wunderbar, der Regisseur der Beste. Sie macht ihre Arbeit gut. »Sie behandeln mich respektvoll, wie einen Mann! Cappelini will, dass ich an seinem nächsten Film mitarbeite!«

Morgens gehen Sally, Tino und ich zum Kaffeetrinken ins La Vega. Tino spaziert mit seinem Cappuccino von Tisch zu Tisch und redet mit Freunden, flirtet mit Mädchen. Der Chauffeur Mauricio wartet draußen, um Tino in die Schule zu bringen. Sally und ich reden und reden, wie schon die ganze Zeit, seit ich vor drei Tagen aus Kalifornien gekommen bin. Sie trägt eine lockige rotbraune Perücke, ein grünes Kleid, das ihre jadefarbenen Augen betont. Alle sehen sie gebannt an. Sally geht seit fünfundzwanzig Jahren in dieses Café. Alle wissen, dass sie sterben wird, aber sie hat noch nie so schön und so glücklich ausgesehen.

Ich dagegen … wenn sie mir sagen würden, ich hätte noch ein Jahr zu leben, ich wette, ich würde ins Meer hinausschwimmen, es hinter mich bringen. Aber Sally, bei ihr scheint es, als wäre das Urteil ein Geschenk. Vielleicht liegt es daran, dass sie sich, eine Woche bevor sie es erfuhr, in Xavier verliebt hat. Sie ist lebendig geworden. Sie genießt alles. Sie sagt, was sie will, macht, was ihr guttut. Sie lacht. Ihr Gang ist sexy, ihre Stimme ist sexy. Sie wird wütend und wirft Sachen durch die Gegend, schimpft. Klein Sally, immer bescheiden und passiv, als Kind in meinem Schatten und einen Großteil ihres Lebens in dem ihres Ehemanns. Jetzt ist sie stark, strahlend; ihr Elan ist ansteckend. Die Leute bleiben am Tisch stehen, um sie zu begrüßen, Männer küssen ihr die Hand. Der Arzt, der Architekt, der Witwer.

Mexico City ist eine riesige Metropole, aber die Leute haben Bezeichnungen füreinander wie auf dem Dorf, wo der Schmied Schmied heißt. Der Medizinstudent, der Richter, die Ballerina Victoria, die schöne Mercedes oder der Minister, Sallys Exmann. Ich bin die amerikanische Schwester. Alle begrüßen mich mit Umarmungen und Wangenküsschen.

Sallys Exmann Ramon kommt auf einen Espresso vorbei, beschattet von Bodyguards. Stühle scharren im ganzen Café, als die Männer für ein *abrazo* aufstehen oder um ihm die Hand zu schütteln. Er sitzt jetzt für die PRI im Kabinett. Er küsst Sally und mich, fragt Tino nach der Schule. Tino umarmt seinen Vater zum Abschied und geht zum Unterricht. Ramon schaut auf die Uhr.

Warte einen Moment, sagt Sally. Sie wollen dich unbedingt sehen, sie kommen ganz bestimmt.

Victoria zuerst, in einem tief ausgeschnittenen Leotard auf dem Weg zum Tanzunterricht. Ihr Haar ist punkig, sie hat ein Tattoo auf der Schulter.

»Verdammt noch mal, zieh dir was über!«, sagt ihr Vater.

»*Papi,* alle hier kennen mich und sind dran gewöhnt, stimmt's, Julian?«

Julian, der Kellner, schüttelt den Kopf. »Nein, *mi doña,* Sie kommen jeden Tag mit einer neuen Überraschung.«

Er hat jedem von uns das Gewünschte gebracht, ohne eine

Bestellung aufzunehmen. Tee für Sally, einen zweiten Latte für mich, einen Espresso und dann einen Latte für Ramon.

Mercedes kommt herein, ihr Haar ist wild, ihr Gesicht stark geschminkt, sie ist unterwegs zu einem Job als Model, bevor sie zum Filmset fährt. Jeder im Café kennt Victoria und Mercedes, seit sie Babys waren, und doch werden sie von allen angestarrt, weil sie so schön sind und so skandalös gekleidet.

Ramon fängt an, seinen üblichen Vortrag zu halten. Mercedes war in ein paar sexy Szenen im mexikanischen MTV zu sehen. Eine Peinlichkeit. Er möchte, dass Victoria aufs College geht und sich einen Teilzeitjob sucht. Sie legt die Arme um ihn.

»Aber *Papi,* wieso soll ich zur Schule gehen, wenn ich doch nichts anderes machen möchte, als zu tanzen? Und warum soll ich arbeiten, wenn wir so reich sind?«

Ramon schüttelt den Kopf und gibt ihr schließlich Geld für den Tanzunterricht, welches für neue Schuhe und auch noch für ein Taxi, weil sie spät dran ist. Sie geht, nicht ohne zum Abschied zu winken und Kusshände ins Café zu werfen.

Ramon stöhnt. »Ich komme zu spät!« Auch er geht, ein Spießrutenlauf durch Handschläge. Eine schwarze Limousine rast mit ihm davon, die Insurgentes hinunter.

»*Pues,* endlich können wir was essen«, sagt Mercedes. Julian bringt Säfte und Obst und Chilaquiles. »Mama, willst du nicht was davon probieren, nur ein bisschen?« Sally schüttelt den Kopf. Sie hat später Chemo, und davon wird ihr schlecht.

»Ich hab letzte Nacht kein Auge zugemacht!«, sagt Sally. Sie sieht gekränkt aus, als Mercedes und ich lachen, aber sie lacht mit, als wir ihr von all den Leuten erzählen, die sie verschlafen hat.

»Morgen hat Tía Geburtstag. Basil-Tag!«, sagt Mercedes. »Mama, warst du auch auf der Grange-Fete?«

»Ja, aber ich war noch klein, erst sieben Jahre alt, als die Fete an Carlottas zwölftem Geburtstag stattfand, in dem Jahr, als sie Basil kennenlernte. Alle waren da … Erwachsene, Kinder. Es gab eine kleine englische Welt mitten in Chile. Anglikanische Kirchen und englische Landsitze und Cottages. Englische Gärten und Hunde. Den ›Prince of Wales‹-Countryclub. Rugby- und Kricketmannschaften. Und natürlich die Grange School. Eine sehr gute Jungenschule, so wie das Eton College.«

»Und alle Mädchen an unserer Schule waren in Jungs von der Grange School verliebt …«

»Die Fete dauerte den ganzen Tag. Es gab Fußball- und Kricketwettkämpfe und Querfeldeinrennen, Kugelstoßen und Weitsprung. Alle möglichen Wettkämpfe und Schaubuden, wo Essen und andere Sachen verkauft wurden.«

»Eine Wahrsagerin«, sagte Carlotta. »Sie hat mir prophezeit, ich würde viele Liebhaber und viele Schwierigkeiten haben.«

»Das hätte ich dir auch sagen können. Jedenfalls war es wie auf einer englischen Kirmes.«

»Wie sah er aus?«

»Elegant und besorgt. Hochgewachsen und schön, abgesehen von den ziemlich großen Ohren.«

»Und dem Pferdegebiss …«

»Am späten Nachmittag war Preisverleihung, und alle Jungs, für die meine Freundinnen und ich schwärmten, gewannen Preise im Sport. Nur Basil wurde immer wieder aufgerufen, weil er Preise in Physik oder Chemie, Geschichte, Griechisch und Latein gewonnen hatte. Und noch jede Menge andere. Zuerst klatschen alle, aber dann wurde es komisch. Jedes Mal, wenn er wieder aufstand, um noch einen Preis, noch ein Buch entgegenzunehmen, wurde sein Gesicht röter und röter. Etwa ein Dutzend Bücher. Sachen wie Marc Aurel.«

Carlotta fuhr fort: »Dann war es Zeit für den Nachmittagstee, bevor der Ball anfing. Alle liefen herum oder tranken an kleinen Tischen Tee. Conchi ermutigte mich, ihn zum Tanzen aufzufordern, also fragte ich ihn. Er stand mit seiner ganzen Familie zusammen. Ein Vater mit großen Ohren, die Mutter und drei Schwestern, alle mit demselben unseligen Gebiss. Ich gratulierte ihm und fragte, ob er mit mir tanzen wolle. Und ich konnte zusehen, wie er sich in mich verliebte. Er hatte noch nie zuvor getanzt, also zeigte ich ihm, wie leicht es war, man machte einfach Box-Schritte. Zu *Siboney. Long Ago and Far Away.* Wir tanzten die ganze Nacht oder machten Box-Schritte. Eine ganze Woche lang kam er zum Tee. Dann begannen die Sommerferien, und er fuhr auf die *fundo* seiner Familie. Er schrieb mir jeden Tag, schickte mir tausend Gedichte.«

»Konnte er küssen, Tía?«, fragt Mercedes.

»Küssen! Er hat mich nie geküsst, nicht mal meine Hand gehalten. Das hätte damals in Chile bedeutet, dass es ernst war. Ich erinnere mich, dass ich einer Ohnmacht nahe war, als Pirulo Diaz meine Hand hielt, während wir uns *Beau Geste* im Kino anschauten.«

»Es war eine große Sache, wenn ein Junge *tú* zu dir sagte«, sagt Sally.

»Das ist sehr, sehr lange her. Wir rieben uns Alaunsteine als Deo unter die Arme. Tampons waren noch nicht einmal erfunden, wir benutzten Lappen, die die Dienstmädchen immer wieder wuschen.«

»Und warst du in Basil verliebt, Tía?«

»Nein. Ich war in Pirulo Diaz verliebt. Aber Basil war jahrelang da, in unserem Haus, bei den Rugbywettkämpfen, auf Partys. Er kam jeden Tag zum Tee. Daddy spielte Golf mit ihm, lud ihn ständig zum Abendessen ein.«

»Er war der einzige Verehrer, den Daddy je akzeptierte.«

»Das Schlimmste für die Liebe.« Mercedes seufzte. »Gute Männer sind nie sexy.«

»Mein Xavier ist ein guter Mann! So gut zu mir! Und er ist sexy!«, sagt Sally.

»Basil und Daddy waren gut, aber auf eine herablassende und voreingenommene Art. Ich habe Basil schrecklich behandelt, und trotzdem kam er immer wieder. Jedes Jahr schickt er mir Rosen zum Geburtstag oder ruft mich an. Jahr für Jahr, seit über vierzig Jahren. Durch Conchi oder meine Mutter hat er mich immer wiedergefunden … an allen möglichen Orten. Chiapas, New York, Idaho. Einmal war ich sogar in der Geschlossenen, in einer Psychiatrie in Oakland.«

»Was hat er denn all die Jahre in diesen Telefonaten erzählt?«

»Eigentlich wenig. Über sein eigenes Leben, meine ich. Er ist Präsident einer Lebensmittelkette. Normalerweise hat er gefragt, wie es mir geht. Immer war natürlich gerade etwas Furchtbares passiert … unser Haus war abgebrannt, eine Scheidung oder ein Auto zu Schrott gefahren. Heute, am 12. November, denke er an die entzückendste Frau, die er je gekannt hat. Und im Hintergrund läuft *Long Ago and Far Away.*«

»Jahr für Jahr!«

»Und er hat dir nie geschrieben oder dich besucht?«

»Nein«, sagt Sally. »Als er letzte Woche anrief, um zu fragen, wo Carlotta sei, sagte ich zu ihm, sie käme nach Mexico City, er könne herkommen und mit ihr zum Lunch gehen. Ich hatte das Gefühl, er will sie morgen überhaupt nicht sehen. Er sagte, es würde nichts bringen, es seiner Frau zu sagen. Ich fragte ihn, ob er seine Frau nicht mitbringen wolle, aber er sagte, das ginge nicht.«

»Da kommt Xavier! Du hast solches Glück, Mama. Du kannst von uns wirklich kein Mitleid erwarten. *Pilla envidia!*«

Xavier ist an ihrer Seite, hält ihre Hände. Er ist verheiratet. Angeblich weiß niemand etwas von ihrer Affäre. Er ist wie zufällig vorbeigekommen. Wie könnte man diese Spannung nicht spüren? Julian lächelt mir zu.

Auch Xavier hat sich verändert, genau wie meine Schwester. Er ist ein Aristokrat, ein berühmter Chemiker, normalerweise sehr ernst und zurückhaltend. Jetzt lacht auch er. Er und Sally necken sich, weinen und streiten. Sie nehmen *danzón*-Unterricht und fahren nach Merida. Sie tanzen *danzón* auf der Plaza unter Sternen, Papierlaternen in den Bäumen, Kinder und Katzen spielen in den Büschen.

Alles, was sie sagen, die trivialsten Sachen wie »Guten Morgen, *mi vida*« oder »Gibst du mir bitte das Salz«, ist aufgeladen mit solcher Dringlichkeit, dass Mercedes und ich kichern. Aber wir sind gerührt und tief beeindruckt von diesen beiden Menschen in einem Zustand der Gnade.

»Morgen ist Basil-Tag!« Xavier lächelt.

»Victoria und ich finden, sie sollte sich als Punk verkleiden oder als uralte Frau«, sagt Mercedes.

»Oder ich könnte Sally statt meiner schicken!«, sage ich.

»Nein. Victoria oder Mercedes ... Und er wird glauben, du wärst immer noch in den Vierzigerjahren, fast genauso, wie er sich an dich erinnert.«

Xavier und Sally gingen zur Chemotherapie, und Mercedes fuhr zur Arbeit. Ich verbrachte den Tag in Coyoacán. In der Kirche taufte der Priester etwa fünfzig Babys auf einmal. Ich kniete hinten nieder, neben dem blutigsten Jesus, und schaute der Zeremonie zu. Die Eltern und Paten standen in langen Reihen im Gang, die Gesichter einander zugewandt. Die Mütter hielten ihre weiß gekleideten Babys. Runde Babys, dünne Babys, dicke Babys, kahle Babys. Der Priester ging durch die

Mitte des Gangs, gefolgt von zwei Messdienern, die Weihrauchgefäße schwenkten. Er betete auf Latein. Er benetzte die Finger in einem Kelch, den er in der linken Hand hielt, und malte das Kreuzzeichen auf die Stirn jedes Babys, um es im Namen des Vaters und des Sohnes und des Heiligen Geistes zu taufen. Die Eltern waren ernst, sie beteten feierlich. Ich wünschte, der Priester würde auch jede Mutter segnen, das Kreuzzeichen schlagen, ihr Schutz verleihen.

Als meine Söhne Kleinkinder waren, malten ihnen in mexikanischen Dörfern manchmal Indianer das Kreuzzeichen auf die Stirn. *Pobrecito!*, sagten sie. Dass so ein wunderbares Geschöpf dieses Leben ertragen muss!

Mark, vier Jahre alt, im Kindergarten in der Horatio Street in New York. Er spielte mit ein paar anderen Kindern Puppenstube. Öffnete einen Spielkühlschrank, goss ein imaginäres Glas Milch ein und gab es seinem Freund. Der Freund warf das imaginäre Glas auf den Fußboden. Marks Ausdruck von Schmerz, der gleiche, den ich später an allen meinen Söhnen im Laufe ihres Lebens gesehen habe. Eine Verletzung durch einen Unfall, eine Scheidung, einen Misserfolg. Mein wildes Verlangen, sie zu beschützen. Meine Hilflosigkeit.

Beim Verlassen der Kirche zünde ich vor der Statue unserer Heiligen Jungfrau Maria eine Kerze an. *Pobrecita.*

Sally ist im Bett, ausgelaugt, ihr ist übel. Ich lege ihr in Eiswasser gekühlte Stofftücher auf die Stirn. Ich erzähle ihr von den Leuten auf der Plaza in Coyoacán, von der Taufe. Sie erzählt mir von den anderen Patienten bei der Chemo, von Pedro, ihrem Arzt. Sie erzählt mir, was Xavier zu ihr sagt, von seiner Zärtlichkeit, und sie weint bittere Tränen.

Als Sally und ich endlich Freundinnen wurden, nachdem wir schon lange erwachsen waren, verbrachten wir mehrere Jahre damit, unseren Groll und unsere Eifersucht zu bewältigen. Später machten wir beide Therapien und verbrachten Jahre damit, der Wut auf unseren Großvater und unsere Mutter freien Lauf zu lassen. Unsere grausame Mutter. Später vergingen weitere Jahre mit der Wut auf unseren Vater, den Heiligen, dessen Grausamkeit nicht so offensichtlich gewesen war.

Jetzt aber sprechen wir nur im Präsens. In einem Cenote im Yucatán-Park, auf dem Gipfel des Tulum, im Kloster in Tepoztlán, in ihrem kleinen Zimmer. Wir lachen erfreut über die Ähnlichkeit unserer Reaktionen, den Gleichklang unserer Vorstellungen.

Am Morgen meines vierundfünfzigsten Geburtstages bleiben wir nicht lange im La Vega. Sally will sich vor ihrer Chemo ausruhen. Ich muss mich umziehen für den Lunch mit Basil. Als wir nach Hause kommen, schauen sich Mercedes und Victoria mit den beiden Dienstmädchen Belen und Dolores eine Telenovela an. Belen und Dolores verbringen die meiste Zeit des Tages und auch der Nacht mit Soap-Operas. Sie sind seit zwanzig Jahren bei Sally, leben in einer kleinen Wohnung auf dem Dach. Jetzt, da Ramon und die Töchter aus dem Haus sind, gibt es für sie nicht viel zu tun, aber Sally würde sie nie wegschicken.

Heute ist ein großer Tag bei *Los Golpes de la Vida.* Sally zieht einen Morgenmantel an und setzt sich ebenfalls vor den Fernseher. Ich habe geduscht und mich geschminkt, behalte aber meinen Morgenmantel ebenfalls an, um mein graues Leinenkleid nicht zu zerknittern.

Adelina wird ihrer Tochter Conchita sagen müssen, dass sie Antonio nicht heiraten darf. Wird gestehen müssen, dass Antonio ihr eigener Sohn, Conchitas Bruder, ist! Adelina hat ihn vor fünfundzwanzig Jahren in ein Kloster gegeben.

Und da sind sie bei den Sanborns, aber ehe Adelina ein Wort sagen kann, erzählt Conchita ihrer Mutter, dass sie und Antonio heimlich geheiratet haben. Und nun werden sie ein Kind bekommen! Nahaufnahme von Adelinas todunglücklichem Gesicht, das Gesicht der Mutter. Aber sie lächelt und küsst Conchita. *Mozo,* sagt sie, bring uns Champagner.

Okay, es ist ziemlich albern. Wirklich albern aber war, dass wir uns alle sechs die Augen ausheulten, wir schluchzten nur so vor uns hin, als es an der Tür klingelte. Mercedes rannte, um zu öffnen.

Basil starrte Mercedes entsetzt an. Nicht nur, weil sie weinte oder kurze Hosen und ein T-Shirt ohne Büstenhalter trug. Die Schönheit der beiden Schwestern macht die Leute immer sprachlos. Wenn man eine Weile mit ihnen zusammen ist, gewöhnt man sich daran, wie an eine Hasenscharte.

Mercedes küsste ihn auf die Wange. »Der berühmte Basil, in echtem englischen Tweed.«

Er war rot im Gesicht. Er starrte uns, alle tränenüberströmt, mit solcher Verwirrung an, dass wir kichern mussten. Wie Kinder. Richtig heftiges, sträfliches Kichern. Wir konnten nicht aufhören. Ich stand auf, ging auf ihn zu, um ihn zu umarmen, ein *abrazo,* aber erneut erstarrte er, streckte seine Hand zu einem kühlen Handschlag aus.

»Verzeih bitte … wir haben gerade eine echt schnulzige Telenovela geguckt.« Ich stellte ihm die anderen vor. »Du erinnerst dich natürlich an Sally?« Wieder sah er entsetzt aus. »Meine Perücke!« Sie rannte aus dem Zimmer, um ihre Perücke aufzusetzen. Ich ging mich anziehen. Mercedes kam mit.

»Na los, Tía, zieh dich richtig nuttig und trashig an … er ist so spießig!«

»Es gibt hier sicher nichts, wo man zum Essen hingehen könnte«, sagte Basil gerade.

»Sicher gibt es was. La Pampa, ein argentinisches Restaurant, direkt gegenüber der Blumenuhr im Park.«

»Die Blumenuhr?«

»Ich zeig sie dir«, sagte ich. »Lass uns gehen.«

Nervös schnatternd ging ich hinter ihm die drei Treppen hinunter. Wie gut es sei, ihn zu sehen, und wie fit er aussehe.

In der Eingangshalle blieb er stehen und sah sich um.

»Ramon ist jetzt Minister. Er kann sich doch bestimmt eine bessere Bleibe für seine Familie leisten.«

»Er hat jetzt eine neue Familie. Sie leben in La Pedregal, in einem netten Haus. Aber das da ist eine schöne Wohnung, Basil. Sonnig und geräumig … voller Antiquitäten, Pflanzen und Vögel.«

»Die Nachbarschaft?«

»Calle Amores? Sally würde nie woanders wohnen. Sie kennt hier jeden. Sogar ich kenne jeden.«

Auf dem ganzen Weg zu seinem Auto grüßte ich Leute. Er hatte ein paar Jungs dafür bezahlt, dass sie auf das Auto aufpassten, es vor Banditen beschützten.

Wir schnallten uns an.

»Was ist mit Sallys Haaren passiert?«, fragte er.

»Sie sind ihr wegen der Chemotherapie ausgefallen. Sie hat Krebs.«

»Wie schrecklich! Ist die Prognose gut?«

»Nein. Sie wird sterben.«

»Das tut mir leid. Aber ich muss sagen, das scheint keiner von euch besonders nahezugehen.«

»Es geht uns allen sehr nahe. Im Moment sind wir glücklich. Sally ist verliebt. Sie und ich sind Freundinnen geworden, Schwestern. Auch das ist, als würde man sich verlieben. Ihre Kinder sehen sie, hören sie.«

Er war still, seine Hände packten das Lenkrad.

Ich dirigierte ihn zum Park auf der Insurgentes.

»Park irgendwo hier. Siehst du, dort ist die Blumenuhr!«

»Es sieht nicht wie eine Uhr aus.«

»Aber natürlich. Siehst du die Zahlen? Also, verdammt, neulich sah es wie eine Uhr aus. Die Zahlen sind Studentenblumen, sie sind nur gerade etwas langstielig geworden. Aber alle wissen, dass es eine Uhr ist.«

Wir parkten weit vom Restaurant entfernt. Es war heiß. Ich habe einen kranken Rücken, rauche viel. Der Smog, meine Absätze. Mir war schwindlig vor Hunger. Im Restaurant roch es großartig. Knoblauch und Rosmarin, Rotwein, Lamm.

»Ich weiß nicht«, sagte er, »es ist sehr laut. Es wird schwer sein, sich anständig zu unterhalten. Es ist voll mit Argentiniern!«

»Na ja, es ist ein argentinisches Restaurant.«

»Dein Akzent ist so amerikanisch. Du sagst ständig ›yeah‹.«

»›Yeah‹, ich bin Amerikanerin.« Wir gingen die Straße auf und ab, guckten in die Fenster wunderbarer Restaurants, eines nach dem anderen, aber keines passte so richtig, eines war zu »kostbar«. Ich beschloss, von jetzt an nur noch »kostbar« anstatt »teuer« zu sagen. Oh, sieh mal, hier ist meine kostbare Telefonrechnung!

»Basil … lass uns eine *torta* kaufen und in den Park setzen. Ich sterbe vor Hunger und will Zeit haben, um mit dir zu reden.«

»Wir müssen wohl nach Downtown fahren. Dort kenne ich die Restaurants.«

»Wie wäre es, wenn ich hier warte, während du das Auto holst?«

»Ich möchte dich in dieser Gegend nicht allein lassen.«

»Das ist eine bombige Gegend.«

»Bitte. Lass uns zusammen das Auto suchen.«

Das Auto suchen. Natürlich erinnerte er sich nicht, wo er es geparkt hatte. Straßenzug um Straßenzug. Wir gingen im Kreis zurück, vorwärts, rundherum, begegneten denselben Katzen, denselben Dienstmädchen, die in den Eingangstoren lehnten und mit Briefträgern flirteten. Der Messerschärfer spielte Flöte, freihändig fuhr er auf seinem Fahrrad.

Ich sank in den gepolsterten Autositz, streifte meine Schuhe ab, nahm eine Schachtel Zigaretten heraus. Aber er bat mich, im Auto nicht zu rauchen. Vom Smog Mexico Citys rannen uns beiden die Tränen übers Gesicht. Ich sagte, ich fände, das Rauchen bilde eine Art schützenden Schirm.

»Ach, Carlotta, du flirtest immer noch mit der Gefahr!«

»Lass uns losfahren. Ich verhungere.«

Aber er holte Fotos seiner Kinder aus dem Handschuhfach. Ich hielt die Bilder in den Silberrahmen in der Hand. Blankäugige, zum Jungsein entschlossene Menschen. Mit Pferdegebiss. Er redete darüber, wie brillant sie waren, was sie erreicht hatten, dass sie als Ärzte Karriere machten. Ja, den Sohn sahen sie noch, aber Marilyn und ihre Mutter vertrugen sich nicht. Beide sehr eigenwillig.

»Sie kann ziemlich gut mit Angestellten umgehen«, sagte Basil über seine Frau. »Setzt ihnen klare Grenzen. Waren diese Frauen die Dienstmädchen deiner Schwester?«

»Waren sie. Sie gehören jetzt fast zur Familie.«

Wir bogen in falscher Richtung in eine Einbahnstraße ab. Basil stieß zurück, Autos und Lastwagen hupten uns an. Endlich auf dem *periférico* ging es schneller voran, bis vor uns ein Unfall war und wir anhalten mussten. Basil schaltete den Motor und die Klimaanlage ab. Ich stieg aus, um eine zu rauchen.

»Du wirst noch überfahren!«

Nicht ein Auto bewegte sich in der Schlange hinter uns.

Wir kamen um halb fünf im Sheraton an. Das Restaurant

hatte geschlossen. Was sollten wir machen? Er hatte das Auto geparkt. Wir gingen nebenan in ein Dennys.

»Man landet also am Ende bei Dennys«, sagte ich.

»Ich hätte gern ein Club Sandwich und Eistee«, sagte ich. »Was nimmst du?«

»Ich weiß nicht. Ich finde Essen nicht so interessant.«

Ich war zutiefst deprimiert. Ich wollte mein Sandwich essen und nach Hause fahren. Aber ich machte höfliche Konversation. Ja, sie waren Mitglied in einem englischen Country Club. Er spielte Golf und Kricket, war in einer Theatergruppe. Er hatte eine der alten Damen in *Arsen und Spitzenhäubchen* gespielt. Großer Spaß.

»Übrigens habe ich dieses Haus gekauft, in Chile, mit dem Pool, gleich hinter dem dritten Loch des Golfplatzes in Santiago. Wir vermieten es, haben aber vor, dort unseren Lebensabend zu verbringen. Weißt du, welches Haus ich meine?«

»Natürlich. Ein schönes Haus, mit Glyzinien und Flieder. Guck unter den Fliederbusch, da wirst du hundert Golfbälle finden. Ich habe immer meinen ersten Schlag in diesen Hof gemacht.«

»Was sind deine Pläne für die Zeit als Rentnerin? Für deine Zukunft?«

»Zukunft?«

»Hast du was gespart? Eine private Rentenversicherung, etwas in der Art?«

Ich schüttelte den Kopf.

»Ich habe mir große Sorgen um dich gemacht. Besonders in der Zeit, als du im Krankenhaus warst. Du hast dich ganz schön herumgetrieben … drei Scheidungen, vier Kinder, so viele Jobs. Und deine Söhne, was machen die? Bist du stolz auf sie?«

Ich war gereizt, obwohl mein Sandwich serviert worden war. Er hatte ein ungetoastetes Käsesandwich und Tee bestellt.

»Ich hasse dieses Konzept ... stolz auf seine Kinder zu sein, sich selbst als Verdienst anzurechnen, was sie geleistet haben. Ich mag meine Söhne. Sie sind liebevoll und rechtschaffen.«

Sie lachen. Sie essen ganz schön viel.

Er fragte noch einmal, was sie machten. Ein Koch, ein Kameramann, ein Grafikdesigner, ein Kellner. Jeder mag, was er macht.

»Es klingt nicht so, als wäre einer von ihnen in der Lage, sich um dich zu kümmern, wenn du es brauchen wirst. O Carlotta, wärst du doch bloß in Chile geblieben. Du hättest ein ruhiges Leben gehabt. Du wärst immer noch die Königin des Countryclubs.«

»Ruhig? Ich wäre in der Revolution umgekommen.« Königin des Countryclubs? Wechsle das Thema, schnell.

»Fahrt ihr ans Meer, du und Hilda?«, frage ich.

»Wie könnte man, wenn man die chilenische Küste kennt? Nein, da sind Scharen von Amerikanern. Ich finde den mexikanischen Pazifik langweilig.«

»Basil, wie kannst du denn einen Ozean langweilig finden?«

»Was findest du langweilig?«

»Eigentlich nichts. Ich langweile mich nie.«

»Du hast dir aber auch alle Mühe gegeben, dich nicht zu langweilen.«

Basil schob sein beinahe unberührtes Sandwich beiseite und lehnte sich eifrig zu mir herüber.

»Liebe Carlotta ... wie wirst du jemals die Einzelteile deines Lebens wieder einsammeln?«

»Ich will diese alten Einzelteile nicht, keines davon. Ich mache einfach weiter und bemühe mich, keinen Schaden anzurichten.«

»Sag mir, was, glaubst du, hast du im Leben erreicht?«

Mir fiel rein gar nichts ein.

»Ich hab seit drei Jahren nicht getrunken«, sagte ich.

»Das ist wohl kaum eine Errungenschaft. Das ist, als würde man sagen: ›Ich habe meine Mutter nicht umgebracht.‹«

»Ja klar, das auch.« Ich lächelte.

Ich hatte alle Dreiecke meines Sandwiches gegessen und die Petersilie.

»Könnte ich bitte noch Flan und einen Cappuccino haben?«

Es war das einzige Restaurant in der Republik Mexiko, in dem es keinen Flan gab. *Jello, sí.* »Und wie sieht es mit dir aus, Basil, was ist aus deinem Ehrgeiz geworden, Dichter zu sein?«

Er schüttelte den Kopf. »Ich lese natürlich immer noch Lyrik. Sag mir, welche Gedichtzeile für dich lebenswichtig ist.«

Was für eine interessante Frage! Ich war erfreut, aber mir kamen nur abartig inakzeptable Zeilen in den Sinn. *Sag Meer – nimmst du mich auf? Jede Frau liebt einen Faschisten. Ich mag den Blick der Agonie, denn der ist sicher wahr.*

»›Geh nicht gelassen in die gute Nacht.‹« Dabei mag ich Dylan Thomas gar nicht.

»Noch immer meine kecke Carlotta! Meine Zeile ist von Yeats: ›Wende dich ab, frohlocke‹.«

Gott. Ich drückte meine Zigarette aus, leerte den Instantkaffee.

»Wie wäre ›Und Meilen Wegs noch bis zum Schlaf‹? Ich sollte zurück zu Sally.«

Verkehr und Smog waren schlimm. Wir schlichen voran. Er zählte die Todesfälle unter all den Leuten auf, die wir gekannt hatten, die finanziellen und ehelichen Misserfolge all der Jungen, mit denen ich mal zusammen gewesen war.

Er fuhr auf den Gehsteig. Ich sagte Auf Wiedersehen,

machte eine idiotische Bewegung, um ihn zu umarmen. Er schreckte zurück, gegen die Autotür. Ciao, sagte ich. Frohlocke!

Im Haus war es still. Sally schlief nach ihrer Chemo. Sie warf sich unruhig hin und her. Ich machte mir einen starken Kaffee, saß neben den Wellensittichen, nahe beim Duft der Tuberosen, hörte dem Mann unter uns zu, der schlecht auf seinem Cello spielte.

Ich kroch in das Bett neben meiner Schwester. Wir schliefen, bis es dunkel war. Victoria und Mercedes kamen, um alles über den Lunch mit Basil zu erfahren.

Ich hätte ihnen von diesem Lunch erzählen können. Ich hätte daraus eine sehr lustige Geschichte machen können. Wie die Studentenblumen aufgeschossen waren und Basil die Blumenuhr nicht erkennen konnte. Ich hätte ihn nachmachen können, wie er eine der alten Damen aus *Arsen und Spitzenhäubchen* spielt. Aber ich lehnte mich zurück ins Kissen neben Sally.

»Er wird mich nie wieder anrufen.«

Ich weinte. Sally und ihre Töchter trösteten mich. Sie hielten mich nicht für albern, weil ich weinte.

Bis später

Ich mag es, Max Hallo sagen zu hören.

Ich rief ihn an, als wir frisch verliebt waren, Ehebrecher. Das Telefon klingelte, seine Sekretärin ging ran, und ich fragte nach ihm. Oh, hallo, sagte er. Max? Ich wurde schwach, war in der Telefonzelle einer Ohnmacht nahe.

Wir sind seit vielen Jahren geschieden. Er ist jetzt Invalide, hängt am Sauerstoff, sitzt im Rollstuhl. Als ich in Oakland lebte, rief er mich normalerweise fünf- oder sechsmal am Tag an. Er leidet an Schlaflosigkeit; einmal rief er um drei Uhr nachts an und fragte, ob schon Morgen sei. Manchmal wurde ich wütend und legte sofort wieder auf oder nahm gar nicht erst ab.

Meistens redeten wir über unsere Kinder, den Enkelsohn oder Max' Katze. Während wir redeten, feilte ich mir die Nägel, nähte, sah mir ein Spiel der Athletics an. Er ist witzig und eine gute Klatschtante.

Ich lebe jetzt seit fast einem Jahr in Mexico City. Meine Schwester Sally ist sehr krank. Ich kümmere mich um ihr Haus und die Kinder, bringe ihr Essen, gebe ihr Infusionsspritzen, bade sie. Ich lese ihr wunderbare Bücher vor. Wir reden stundenlang, weinen und lachen, werden wütend über die Nachrichten, machen uns Sorgen um ihren Sohn, der spätnachts noch unterwegs ist.

Es ist unheimlich, wie nah wir uns gekommen sind. Wir

sind jetzt schon so lange jeden Tag zusammen. Wir sehen und hören Dinge auf die gleiche Weise, wissen, was die andere sagen wird …

Selten verlasse ich die Wohnung. Aus keinem der Fenster ist der Himmel zu sehen, nur Luftschächte oder die Wohnungen nebenan. Von Sallys Bett aus kann man den Himmel sehen, aber ich sehe ihn nur, wenn ich ihre Gardinen auf- oder zuziehe. Ich spreche spanisch mit ihr und ihren Kindern, mit allen.

Inzwischen reden Sally und ich nicht mehr so viel. Vom Reden tut ihr die Lunge weh. Ich lese oder singe, oder wir liegen einfach nebeneinander im Dunkeln, atmen im Einklang.

Ich fühle mich, als wäre ich weg. Letzte Woche auf dem Markt von Sonora war ich so groß, umgeben von dunkelhäutigen Indianern, von denen viele Nahuatl sprachen. Ich war nicht nur weg, ich war unsichtbar. Ich meine, lange glaubte ich, ich wäre überhaupt nicht mehr da.

Natürlich bin ich hier noch ich und habe eine neue Familie, neue Katzen, neue Witze. Aber ich versuche, mich daran zu erinnern, wer ich auf Englisch war.

Deshalb bin ich so froh, Max zu hören. Er ruft oft aus Kalifornien an. Hallo, sagt er. Er erzählt mir, dass er Percy Heath gehört hat, dass er gegen die Todesstrafe im San Quentin protestiert hat. Unser Sohn Keith hat ihm am Ostersonntag Eggs Benedict gemacht. Nathans Frau Linda sagte zu Max, er solle nicht so oft bei ihr anrufen. Unser Enkel Nikko sagte, er würde gegen seinen Willen einschlafen.

Max berichtet mir vom Verkehr und vom Wetter, beschreibt mir, was sie in der Elsa-Clench-Show tragen. Er fragt mich nach Sally.

Als wir jung waren in Albuquerque und bevor ich ihn kennenlernte, hatte ich ihn Saxofon spielen hören und gesehen, wie er in einem Porsche Rennen auf dem Sumter Speedway fuhr. Alle wussten, wer er war. Er sah gut aus, war reich, exotisch. Einmal sah ich, wie er sich am Flughafen von seinem Vater verabschiedete. Er gab ihm einen Abschiedskuss, Tränen in den Augen. Ich möchte einen Mann, der seinen Vater zum Abschied küsst, dachte ich.

Wenn man stirbt, ist es normal, auf das eigene Leben zurückzuschauen, Dinge abzuwägen, zu bedauern. Gemeinsam mit meiner Schwester habe auch ich das in diesen letzten Monaten getan. Wir haben beide lange gebraucht, die Wut und die Schuldzuweisungen hinter uns zu lassen. Sogar die Listen mit dem, was wir bedauern, und unseren Selbstvorwürfen werden kürzer. Jetzt steht das, was uns noch bleibt, auf den Listen. Freunde. Orte.

Sie wünscht sich, sie könnte *danzón* mit ihrem Geliebten tanzen. Sie möchte die *parroquia* in Veracruz sehen, Palmen, Laternen im Mondlicht, Hunde und Katzen zwischen den polierten Schuhen der Tänzer. Wir erinnern uns an Schulen in Arizona, die nur ein Klassenzimmer hatten, an den Himmel, als wir in den Anden Ski fahren waren.

Sie hat aufgehört, sich um ihre Kinder zu sorgen, darüber, was aus ihnen wird, wenn sie gestorben ist. Ich werde mir um meine wahrscheinlich weiterhin Sorgen machen, wenn ich hier weggehe, aber jetzt treiben wir einfach langsam durch die Abläufe und Rhythmen jedes neuen Tages. Manche Tage sind voller Schmerz und Erbrochenem, andere sind ruhig, mit einer Marimba, die in der Ferne gespielt wird, dem nächtlichen Pfeifen des *camote*-Mannes …

Ich bedaure nicht mehr, dass ich Alkoholikerin war. Bevor ich Kalifornien verließ, kam mein jüngster Sohn Joel zum Frühstück. Derselbe Sohn, den ich immer bestohlen hatte, der zu mir sagte, ich wäre nicht seine Mutter. Ich machte Käseplinsen; wir tranken Kaffee und lasen Zeitung, teilten uns brummelnd Neuigkeiten mit, von Ricky Henderson, George Bush. Dann ging er zur Arbeit. Er gab mir einen Kuss und sagte: Bis später, Mama. Bis später, sagte ich.

Auf der ganzen Welt frühstücken Mütter mit ihren Söhnen, bringen sie zur Tür. Kennen sie die Dankbarkeit, die ich verspürte, als ich dort stand und winkte? Eine Gnadenfrist.

Ich war neunzehn, als mich mein erster Ehemann verließ. Dann heiratete ich Jude, einen rücksichtsvollen Mann mit Sinn für trockenen Humor.

Er war ein guter Mensch. Er wollte mir helfen, meine beiden kleinen Söhne aufzuziehen.

Max war unser Trauzeuge. Nach der Hochzeit im Hinterhof ging Jude zur Arbeit, er spielte Klavier in der Al-Monte-Bar. Meine beste Freundin Shirley, die andere Trauzeugin, ging weg, fast ohne ein Wort zu sagen. Sie war sehr verstimmt darüber, dass ich Jude geheiratet hatte, dachte, ich hätte es aus Verzweiflung getan.

Max blieb. Nachdem die Kinder im Bett waren, saßen wir da, aßen Hochzeitstorte und tranken Champagner. Er erzählte von Spanien, ich erzählte von Chile. Er erzählte mir von den Jahren in Harvard mit Jude und Creeley. Vom Saxofonspielen, als der Bebop aufkam.

Charlie Parker und Bud Powell, Dizzy Gillespie. Max war in dieser Bebopzeit heroinabhängig gewesen. Ich wusste damals nicht, was das eigentlich bedeutet. *Heroine,* das hatte für mich eine schöne Bedeutung … Jane Eyre, Becky Sharp, Tess.

Jude spielte abends. Er wachte spätnachmittags auf, übte oder spielte mit Max stundenlang Duette, und dann aßen wir Abendbrot. Er ging zur Arbeit. Max half mir beim Abwasch und brachte mit mir die Kinder ins Bett.

Ich durfte Jude bei der Arbeit nicht stören. Wenn ein Penner aufkreuzte, wenn die Kinder krank wurden, wenn ich einen Platten hatte, rief ich Max an. Hallo, sagte er.

Jedenfalls hatten wir nach einem Jahr eine Affäre. Sie war intensiv und leidenschaftlich, ein großes Schlamassel. Jude redete nicht darüber. Ich verließ ihn, um allein mit den Kindern zu leben. Jude tauchte auf und sagte mir, ich solle ins Auto steigen. Wir fuhren nach New York, wo Jude Jazz spielte und wir unsere Ehe retten würden.

Über Max redeten wir nie. Wir arbeiteten beide hart in New York. Jude übte und jammte, spielte auf Hochzeiten in der Bronx und bei Stripshows in Jersey, bis er in die Gewerkschaft aufgenommen wurde. Ich stellte Kinderkleidung her, die sogar bei Bloomingdale's verkauft wurde. Wir waren glücklich. New York war damals wunderbar. Allen Ginsberg und Ed Dorn lasen im Y. Die Mark-Rothko-Ausstellung im MOMA während des schweren Schneesturms. Das Licht, das durch die Oberlichter fiel, wurde intensiver durch den Schnee; die Gemälde pulsierten. Wir hörten Bill Evans und Scott La Faro. John Coltrane auf dem Sopransaxofon. Ornettes erste Nacht im Five Spot.

Tagsüber, wenn Jude schlief, fuhren die Jungs und ich mit der U-Bahn durch die ganze Stadt, stiegen jeden Tag an anderen Haltestellen aus. Immer wieder fuhren wir mit den Fähren. Einmal, als Jude im Grossingers spielte, zelteten wir im Central Park. So schön war New York damals, oder ich war so dumm … Wir wohnten in der Greenwich Street unten am Washington Market, Ecke Fulton Street.

Jude bastelte eine rote Spielzeugschachtel für die Jungs, hängte Schaukeln an die Rohre in unserer Wohnung. Er war geduldig und streng mit ihnen. Wenn er abends nach Hause kam, liebten wir uns. All die Wut, die Traurigkeit und die

Zärtlichkeit zwischen uns elektrisierten unsere Körper. Das wurde nie laut ausgesprochen.

Nachts, wenn Jude zur Arbeit war, las ich Ben und Keith vor, sang für sie, und dann nähte ich. Ich rief in Symphony Sids Radiosendung an und bat ihn, Charlie Parker und King Pleasure zu spielen, bis er mir sagte, ich solle nicht so oft anrufen. Die Sommer waren sehr heiß, und wir schliefen auf dem Dach. Die Winter waren kalt, und nach fünf Uhr nachmittags und an den Wochenenden ging die Heizung nicht. Die Jungs trugen Ohrenschützer und Handschuhe im Bett. Wenn ich ihnen vorsang, stand weißer Atem vor meinem Mund.

Jetzt singe ich in Mexiko King Pleasures Songs für Sally. *Little Red Top, Parker's Mood, Sometimes I'm Happy.*

Es ist ziemlich schrecklich, wenn man sonst nichts tun kann.

Wenn in New York nachts das Telefon klingelte, war es Max.

Hallo, sagte er.

Er fuhr ein Rennen in Hawaii. Er fuhr ein Rennen in Wisconsin. Er schaute fern und dachte an mich. Die Schwertlilien blühten in New Mexico. Sturzfluten in den Arroyos im August. Im Herbst wurden die Pappeln gelb.

Er kam oft nach New York, um Musik zu hören, aber ich begegnete ihm nie. Er rief an und erzählte mir alles von New York, und ich erzählte ihm alles von New York. Heirate mich, sagte er, gib mir einen Grund zu leben. Rede mit mir, sagte ich, leg nicht auf.

Eines Nachts war es bitterkalt, Ben und Keith schliefen in Schneeanzügen mit mir in einem Bett. Die Fensterläden schlugen im Wind, Läden, die so alt waren wie Herman Melville. Es war Sonntag, also war kein Auto unterwegs. Unten auf der Straße kam der Segelmacher in einem Pferdewagen vorbei. Klapper klapper. Graupel peitschte kalt an die Fenster, und Max rief an. Hallo, sagte er. Ich bin gleich um die Ecke in einer Telefonzelle.

Er kam mit Rosen, einer Flasche Brandy und vier Flugtickets nach Acapulco. Ich weckte die Jungs, und wir gingen.

Als ich sagte, dass ich nichts bedauere, stimmte das nicht, auch wenn ich damals nicht das geringste Bedauern verspürte. So zu gehen war nur eines der vielen Dinge, die ich in meinem Leben falsch gemacht habe.

Das Plaza-Hotel war warm. Heiß eigentlich. Ben und Keith tauchten in die dampfende Wanne mit so ehrfürchtiger Miene, als wäre es eine texanische Taufe. Auf sauberen weißen Laken schliefen sie ein. Im Zimmer nebenan schliefen Max und ich miteinander und redeten bis zum Morgen.

Über Illinois tranken wir Champagner. Wir küssten uns, während die Jungs uns gegenüber schliefen und sich vor unserem Fenster die Wolken ballten. Als wir landeten, war der Himmel über Acapulco korallenfarbig und rosa gestreift.

Wir gingen alle vier schwimmen, aßen Hummer und gingen noch einmal schwimmen. Am Morgen schien die Sonne durch die hölzernen Fensterläden und fiel in Streifen auf Max, Ben und Keith. Ich setzte mich im Bett auf, schaute sie an und war glücklich.

Max trug jeden der Jungs ins Bett und steckte die Bettdecke um sie herum fest. Küsste sie zärtlich, so, wie er seinen Vater geküsst hatte. Max schlief genauso tief wie sie. Ich schrieb es der Erschöpfung über das, was wir taten, zu, dass er seine Frau verlassen hatte und mit einer Familie zusammenlebte.

Er brachte beiden Jungs Schwimmen und Schnorcheln bei. Er erzählte ihnen Sachen. Er erzählte mir Sachen. Einfach Sachen über das Leben, über Leute, die er kannte. Wir unterbrachen einander, wenn wir wiederum ihm Sachen erzählten.

Wir lagen am Strand von Caleta im feinkörnigen Sand, der warm war von der Sonne. Keith und Ben buddelten mich ein. Max' Finger zeichnete meine Lippen nach. Farbexplosionen der Sonne über meinen geschlossenen sandigen Augenlidern. Verlangen.

Abends gingen wir in einen Park am Hafen, wo Dreiräder verliehen wurden. Max und ich hielten uns an den Händen, während die Jungs wild im Park herumrasten, vorbeiblitzende rosa Bougainvillea, rotes Indisches Blumenrohr. Hinter ihnen wurden auf den Docks Schiffe beladen.

Eines Nachmittags gingen meine Mutter und mein Vater plaudernd die Gangway zur SS Stavangerfjord hinauf, ein norwegisches Schiff. Meine Schwester hatte mir geschrieben, dass sie von Tacoma nach Valparaiso reisten. Zu der Zeit sprachen meine Eltern nicht mit mir, weil ich Jude geheiratet hatte. Ich konnte sie nicht rufen und sagen: Hallo, Mama! Hallo, Papa! Was für ein Zufall! Das ist Max.

Aber es gab mir ein gutes Gefühl, zu wissen, dass meine Eltern hier waren. Und jetzt standen sie an der Reling, während das Schiff aufs offene Meer hinausfuhr. Mein Vater hatte einen Sonnenbrand und trug einen weißen Schlapphut. Meine Mutter rauchte. Ben und Keith fuhren immer schneller auf der Betonbahn herum, riefen sich und uns zu: Guck mich an!

Heute gab es eine große Gasexplosion in Guadalajara, Hunderte Menschen wurden getötet, ihr Zuhause zerstört. Max rief an, um zu fragen, ob es mir gut ginge. Ich erzählte ihm, wie witzig es alle in Mexiko fänden, herumzulaufen und zu fragen: »Sag mal … riechst du Gas?«

Im Hotel in Acapulco schlossen wir Freundschaft mit Don und Maria, die eine sechsjährige Tochter namens Lourdes hatten. Abends malten die Kinder auf der Terrasse, bis sie einschliefen.

Wir blieben so lange auf, bis der Mond groß und blass geworden war. Don und Max spielten Schach im Licht der Kerosinlampe. Das Liebkosen der Motten. Maria und ich lagen über Kreuz in einer großen Hängematte, redeten leise über alberne Sachen wie Kleidung, über unsere Kinder, über Liebe. Sie und Don waren erst seit sechs Monaten verheiratet. Bevor sie ihn kennenlernte, hatte sie sich sehr einsam gefühlt. Ich erzählte ihr, dass ich morgens Max' Namen sagte, noch ehe ich die Augen öffnete. Sie sagte, ihr Leben sei wie eine leiernde Schallplatte gewesen, wieder und wieder, jeden Tag, und nun sei die Schallplatte innerhalb einer Sekunde umgedreht worden, Musik. Max hörte das und lächelte mich an. Siehst du, *amor*, wir sind jetzt die B-Seite.

Wir hatten auch noch andere Freunde. Der Taucher Raúl und seine Frau Soledad. An einem Wochenende dünsteten wir zu sechst Muscheln auf der Terrasse unseres Hotels. Die Kinder waren alle zum Mittagsschlaf ins Bett geschickt worden. Aber eines nach dem anderen tauchten sie auf, um zu sehen, was vor sich ging. Zurück ins Bett! Keith kam heraus und sagte, er habe eine Giraffe gesehen. Geh zurück ins Bett, wir werden dich bald wecken. Ben kam und sagte, da seien Tiger und Elefanten. Ach, Herrgott noch mal! Aber da waren sie, mitten auf der Straße unter uns. Ein Zirkusumzug. Also weckten wir alle Kinder. Einer der Männer vom Zirkus dachte, Max wäre ein Filmstar, weshalb sie uns Freikarten gaben. An jenem Abend gingen wir alle in den Zirkus. Es war magisch, aber die Kinder schliefen ein, bevor die Trapeznummer zu Ende war.

Heute gab es ein Erdbeben in Kalifornien. Max rief an, um zu sagen, dass es nicht seine Schuld sei und er seine Katze nicht finden könne.

Ein gespenstisch untergehender Mond beleuchtete uns,

als wir uns in dieser Nacht liebten. Wir lagen nebeneinander unter dem sich drehenden hölzernen Ventilator, es war heiß, stickig. Max' Hand auf meinem nassen Haar. Danke, flüsterte ich, wahrscheinlich zu Gott …

Wenn ich morgens aufwachte, waren seine Arme um mich geschlungen, seine Lippen an meinem Nacken, seine Hand auf meiner Hüfte.

Eines Tages erwachte ich, bevor die Sonne aufging, und er war nicht da. Es war still im Zimmer. Er muss schwimmen gegangen sein, dachte ich. Ich ging ins Bad. Max saß auf der Toilette, kochte etwas in einem schwarz angelaufenen Löffel. Eine Spritze lag auf dem Waschbecken.

»Hallo«, sagte er.

»Max, was ist das?«

»Das ist Heroin«, sagte er.

Das klingt wie das Ende einer Geschichte oder der Anfang, obwohl es in Wirklichkeit nur ein Teil der Jahre war, die noch kommen sollten. Zeiten intensiven Glücks in Technicolor und Zeiten, die elend und beängstigend waren.

Wir bekamen noch zwei Söhne, Nathan und Joel. In einer Beechcraft Bonanza reisten wir durch ganz Mexiko und die Vereinigten Staaten. Wir lebten in Oaxaca, ließen uns schließlich in einem Dorf an der mexikanischen Küste nieder. Wir waren für lange Zeit glücklich, wir alle, und dann wurde es schwer und einsam, weil er Heroin viel mehr liebte.

Nicht Entzug … sagt Max am Telefon … Rückzug ist es, was alle brauchen. Und statt einfach Nein zu sagen, sollte man sagen: Nein danke. Er macht Witze, er ist schon seit vielen Jahren nicht mehr auf Drogen.

Vier Monate lang waren Sally und ich sehr damit beschäftigt, unsere Leben zu analysieren, unsere Ehen, unsere Kinder.

Sie hat niemals viel getrunken oder geraucht, im Gegensatz zu mir.

Ihr Exmann ist Politiker. Er kommt fast jeden Tag vorbei, mit einem Auto, in dem zwei Leibwächter sitzen, und zwei Begleitfahrzeugen voller Männer. Sally ist ihm so nah wie ich Max. Was heißt Ehe überhaupt? Ich habe es nie herausgefunden. Und jetzt ist es der Tod, den ich nicht verstehe.

Nicht nur Sallys Tod. Auch mein Land, nach Rodney King und den Krawallen. Überall auf der Welt die Wut und Verzweiflung.

Sally und ich schreiben uns Bilderrätsel, damit ihr vom Reden nicht die Lunge wehtut. In Bilderrätseln malt man Bilder anstelle von Worten oder Buchstaben. »Gewalt«, zum Beispiel, ist ein gehender Mensch und ein Wald. »Geht mir auf den Sack« ist jemand, der über einen Sack läuft.

Wir lachen leise in ihrem Zimmer, zeichnen. Im Grunde ist die Liebe für mich kein Rätsel mehr. Max ruft an und sagt Hallo. Ich sage ihm, dass meine Schwester bald tot sein wird. Wie geht es dir?, fragt er.

La Vie en Rose

Die beiden Mädchen liegen mit dem Gesicht nach unten auf Handtüchern, auf denen GRAND HOTEL PUCON steht. Der Sand ist schwarz und feinkörnig, das Wasser im See ist grün. Von einem tieferen, süßen Grün die Kiefern, die den See säumen. Der Vulkan Villarrica türmt sich weiß auf über dem See, den Bäumen, dem Hotel und dem Dorf Pucón. Rauch schäumt aus dem Kegel des Vulkans und verschwindet in der klaren Bläue des Himmels. Blaue Strandhütten. Gerdas Kappe aus rotem Haar, ein gelber Strandball, die roten Schärpen chilenischer Cowboys, die zwischen den Bäumen galoppieren.

Hin und wieder hebt sich eines von Gerdas oder Claires gebräunten Beinen träge in die Luft, um Sand oder eine Fliege abzuschütteln. Ihre jungen Körper beben zuweilen vom hilflosen Gekicher pubertärer Mädchen.

»Und der Ausdruck in Conchis Gesicht! Alles, was sie sagen konnte, war ›Oh, là, là‹. Was für eine Frechheit!«

Gerdas Lachen ist ein kurzes germanisches Gebell. Claires Lachen ist hoch, perlend.

»Sie will auch nicht zugeben, wie blöd sie war.«

Claire setzt sich auf, um sich das Gesicht einzuölen. Ihre blauen Augen suchen den Strand ab. Nada. Die beiden gut aussehenden Männer sind nicht wiederaufgetaucht.

»Da ist sie … Frau Anna Karenina …«

Auf einem mit rot-weißem Stoff bezogenen Stuhl unter den Kiefern.

Die melancholische russische Dame mit Panamahut und einem weißen Seidensonnenschirm.

Gerda stöhnt. »Oh, sie ist entzückend. Ihre Nase. Grauer Flanell im Sommer. Und sie sieht so elend aus. Sie hat bestimmt einen Liebhaber.«

»Ich werde mir das Haar so schneiden lassen wie sie.«

»Bei dir wird es aussehen, als hättest du eine Schüssel aufgesetzt. Sie hat einfach Stil.«

»Da ist sie hier die Einzige. All diese geschmacklosen Argentinier und Amerikaner. Es scheint überhaupt keine Chilenen zu geben, nicht mal unter den Angestellten. Das ganze Dorf spricht deutsch.«

»Wenn ich aufwache, denke ich zuerst, dass ich wieder ein kleines Mädchen in Deutschland oder der Schweiz bin. Ich kann die Dienstmädchen auf dem Flur flüstern und in der Küche singen hören.«

»Außer diesen Amerikanern lächelt keiner, nicht mal die Kinder, so ernst mit ihren Buddeleimern.«

»Nur Amerikaner lächeln die ganze Zeit. Du redest spanisch, aber dein blödes Lächeln verrät dich. Dein Vater lacht auch die ganze Zeit. Der Kupfermarkt bricht zusammen, haha.«

»Nur, wenn etwas bekloppt ist. Schau ihn dir an. Er muss heute Morgen hundertmal zu diesem Floß geschwommen sein.

Gerda und Claire machen immer Ausflüge mit einem ihrer Väter. Gehen ins Kino oder zu Pferderennen mit Mr. Thompson, ins Konzert oder Golf spielen mit Herrn von Dessaur. Ihre chilenischen Freundinnen dagegen sind ausnahmslos mit Müttern und Tanten, Großmüttern und Schwestern zusammen.

Gerdas Mutter wurde in Deutschland während des Krieges getötet; ihre Stiefmutter ist Ärztin, selten zu Hause. Claires Mutter trinkt, ist die meiste Zeit im Bett oder in Sanatorien. Nach der Schule gehen die beiden Freundinnen nach Hause, trinken Tee, lesen oder lernen. Ihre Freundschaft begann mit Büchern in ihren leeren Häusern.

Herr von Dessaur trocknet sich ab. Er ist nass, atemlos. Kühle graue Augen. Als Kind hatte Claire sich beim Anschauen von Kriegsfilmen schuldig gefühlt. Sie mochte die Nazis … ihre Mäntel, ihre Autos, kühle graue Augen.

»Ja. Genug. Geh schwimmen. Zeig mir, wie du kraulst, wie du mittlerweile tauchst.«

»Er ist nett, oder?«, sagt Claire auf dem Weg zum Wasser.

»Er ist nett, wenn er nicht mit ihr zusammen ist.«

Die Mädchen schwimmen mit sicheren Zügen weit hinaus in den eisigen See, bis sie *Gerdalein!* hören und ihren Vater winken sehen. Sie schwimmen zum Floß, liegen auf dem warmen Holz. Der weiße Vulkan glitzert und raucht hoch über ihnen. Gelächter von einem Boot weit draußen im See, das Geräusch von Hufen auf der Schotterpiste am Ufer. Sonst kein Ton. Das Flapp Flapp des Wassers am schaukelnden Floß.

Unter bauschenden Vorhängen weht die Brise vom See her in den riesigen Speisesaal mit der hohen Decke. Palmenblätterventilatoren in Urnen. Ein Kellner im Frack schöpft das Consommé aus, ein anderer schlägt die Eier auf und gibt eines in jede Schüssel. Gemeinsam filetieren die beiden Männer Forellen, flambieren Desserts.

Ein weißhaariger Gentleman, vom Alter gebeugt, nimmt gegenüber der schönen Anna Karenina Platz.

»Könnte das ihr Ehemann sein?«

»Ich hoffe, er ist nicht Graf Wronski.«

»Wie kommt ihr Mädchen darauf, dass es Russen sind? Ich habe sie deutsch sprechen hören.«

»Wirklich, Papi? Was haben sie gesagt?«

»Sie sagte: ›Ich hätte keine Backpflaumen zum Frühstück essen sollen.‹«

Die Mädchen leihen sich ein Ruderboot aus, brechen auf zu einer Insel. Der See ist gewaltig. Sie wechseln sich ab, lachen, rudern zuerst im Kreis, gleiten dann aber geschmeidig dahin. Platschen und Eintauchen der Ruder. Sie lassen das Boot in einer Bucht auf den Strand laufen, tauchen von einer Felsenklippe in das grüne Wasser, das nach Fisch und Moos schmeckt. Sie schwimmen lange und liegen dann mit ausgestreckten Armen in der Sonne, die Gesichter in wildem Klee vergraben. Lange, langsam rollt ein Beben durch den Boden unter den zwei jungen Körpern und erschüttert ihn. Sie halten sich an den blühenden Lavendelbüschen fest, während sich die Erde unter ihnen aufwirft, von ihnen wegrutscht. Ihre Augen sind auf Höhe der grünen Erdwogen. Wird es dunkel vom Rauch des Vulkans? Der Geruch nach Schwefel ist stark, beängstigend. Das Beben hört auf. Für den Bruchteil einer Sekunde gibt es kein Geräusch, und dann brechen die Vögel in ein alarmierend hysterisches Gezwitscher aus. Kühe muhen und Pferde wiehern rings um den See. Hunde bellen und bellen. Über den Mädchen schwirren und pfeifen die Vögel in den Ästen der Bäume. Hohe Wellen schlagen gegen die Steine. Die Mädchen sind still. Keine kann über das reden, was sie fühlt, etwas anderes als Angst. Gerda lacht, ihr bellendes Lachen.

»Wir sind kilometerweit geschwommen, Papi. Guck unsere Hände an, Blasen vom Rudern. Hast du das Beben bemerkt?«

Er hat Golf gespielt, als das Beben kam, war auf dem Rasen. Der Albtraum eines Golfers … zu sehen, wie der Ball vom Loch weg- und auf dich zurollt!

Die jungen Männer sind in der Lobby und reden mit dem Rezeptionisten. Oh, sie sehen gut aus. Stark und braun mit weißen Zähnen. Sie sind auffällig gekleidet, Mitte zwanzig. Claires Favorit, der Dunkle, hat eine tiefe Mulde im Kinn. Wenn er nach unten sieht, berühren seine Wimpern hohe bronzene Wangenknochen. Ganz ruhig, mein Herz! Claire lacht. Herr von Dessaur sagt, die Männer sind viel zu alt und zudem ordinär, eindeutig von der schlimmsten Sorte. Bauern wahrscheinlich. Er geleitet die Mädchen an ihnen vorbei, trägt ihnen auf, bis zum Abendessen auf ihrem Zimmer zu lesen.

Der Speisesaal ist festlich. Wegen des Bebens nicken die Leute den anderen Stammgästen zu, sie reden mit den Kellnern, unterhalten sich miteinander. Musiker sind da, sehr alte Männer. Geigen spielen Tangos, Walzer. *Frenesi. La Mer.*

Die jungen Männer stehen am Eingang, eingerahmt von Topfpalmen und Wandleuchtern aus weinrotem Samt.

»Papi, sie sind keine Bauern. Guck!«

Sie strahlen in den staubblauen Uniformen von Offiziersanwärtern der chilenischen Luftwaffe. Blasses Blau, abgesetzt mit goldenen Kordeln. Hohe Kragen und Epauletten, goldene Knöpfe. Sie tragen Stiefel mit Sporen, bodenlange wollene Umhänge, Säbel. Ihre Hüte und Handschuhe halten sie in der Armbeuge.

»Militär! Noch schlimmer!« Herr von Dessaur lacht. Er wendet das Gesicht ab, wischt sich Lachtränen aus den Augen.

»Umhänge an einem Sommerabend. Sporen und Säbel in einem Flugzeug? Verdammt, guckt euch diese armen Teufel doch an!«

Claire und Gerda starren sie ehrfürchtig an. Die Offiziersanwärter schauen mit seelenvollen Blicken zurück, halb lächelnd. Sie sitzen an einem kleinen Tisch neben der Bühne und trinken Brandy aus großen Cognacschwenkern. Der Blonde hat eine Zigarettenspitze aus Schildpatt, die er sich zwischen die Zähne klemmt.

»Gib's zu, Papi. Seine Augen sind genauso blau wie sein Umhang.«

»Ja, das Blau der chilenischen Luftwaffe. Die chilenische Luftwaffe hat nicht einmal Flugzeuge!«

Schließlich muss es doch zu heiß gewesen sein. Sie setzen sich an einen Tisch neben der Tür zur Terrasse, drapieren ihre Umhänge auf den Stühlen.

Die Mädchen betteln darum, länger aufbleiben zu dürfen, um der Musik zuzuhören und die Leute beim Tangotanzen zu beobachten. Schweiß kräuselt die Haare an der Stirn der Tänzer, deren Blicke einander nicht loslassen, hypnotisiert. Wie Schlafwandler wirbeln und kicken die Tänzer zum Spiel der Geigen.

Die Männer, Roberto und Andrés, schlagen die Hacken ihrer Stiefel zusammen. Sie stellen sich Gerdas Vater vor, bitten um seine freundliche Erlaubnis, mit den beiden jungen Damen tanzen zu dürfen. Herr von Dessaur will schon ablehnen, findet die Offiziersanwärter aber doch so amüsant, dass er sagt, ein Tanz, aber dann ist es Zeit für die Mädchen, schlafen zu gehen.

La Vie en Rose spielt das Orchester sehr lange, während die jungen Leute die glänzende Tanzfläche wieder und wieder umkreisen. Die blauen Uniformen, die weißen Chiffonkleider werden von den dunklen Spiegeln zurückgeworfen. Die Leute lächeln, schauen den schönen Tänzern zu. Vorhänge bauschen sich wie Segel. Andrés spricht vertraulich mit Claire. Roberto schlägt vor, dass die Mädchen wieder herunterkommen, nachdem Herr von Dessaur schlafen gegangen ist. Der Tanz ist vorbei.

Tage vergehen. Die Männer arbeiten auf Robertos Grundstück, kommen erst abends ins Hotel. Gerda und Claire schwimmen, ersteigen den Vulkan. Heiße Sonne, kalter Schnee. Sie spielen Golf und Krocket mit Herrn von Dessaur. Sie rudern zu ihrer Insel. Sie reiten mit Herrn von Dessaur. Schultern zurück, sagt er. Kopf hoch, sagt er zu Claire. Er hält sehr lange ihre Kehle fest. Claire schluckt. Die Mädchen spielen auf der Terrasse mit einigen Damen Canasta. Eine Argentinierin liest ihnen das Glück aus den Karten. Eine Zigarette im Mund; sie blinzelt durch den Rauch. Für Gerda ein neuer Weg und ein seltsamer, geheimnisvoller Mann. Für Claire auch ein neuer Weg und die Herz-Zwei. Ein Kuss der Götter.

Jeden Abend tanzen sie mit Roberto und Andrés zu *La Vie en Rose,* und schließlich kommen die Mädchen wieder herunter, als Herr von Dessaur schläft. Ein Paar in den Flitterwochen und einige Amerikaner sind die Einzigen, die noch im Speisesaal sind. Roberto und Andrés stehen da und verbeugen sich. Die alten Männer des Orchesters sehen bestürzt aus, aber sie spielen *Adiós Muchachos,* einen schwermütigen, pulsierenden Tango. Die Paare tanzen verträumt zu den Türen hinaus auf die Terrasse, die Stufen hinunter auf den nassen Sand. Stiefel knirschen im Sand wie in frischem Schnee. Sie steigen in ein Boot. Sie sitzen in der sternenhellen Nacht, halten einander an den Händen, hören den Geigen zu. Die Lichter des Hotels und der weiße Vulkan splittern silbern im Wasser. Eine Brise. Es ist kühl. Nein, es ist kalt. Das Boot hat sich losgemacht. Es gibt keine Ruder. Das Boot bewegt sich schnell, gleitet dahin wie der Wind, mit dem Wind, hinaus auf den dunklen See. O nein! Gerda ringt nach Luft. Die Mädchen werden geküsst, solange es noch eine Chance gibt. Er hat seine ganze Zunge in meinen Mund geschoben, sagt Gerda später. Claire bekommt einen Stoß an die Stirn. Ein Kuss trifft ihren Mundwinkel, streift ihre Nase, ehe die Mädchen wie Merkur in das schwarze Wasser des Sees tauchen.

Ihre Schuhe sind weg. Den Mädchen ist kalt, sie zittern vor der Einfahrt zum Hotel, die jetzt durch Eisentore verschlossen ist. Lass uns einfach warten, sagt Claire. Wie, bis morgen früh? Du musst verrückt sein! Gerda rüttelt an den Eisentoren, bis im Hotel schließlich Lichter angehen. Gerdalein!, sagt ihr Vater von einem Balkon aus, und dann ist er plötzlich direkt vor ihnen, hinter den Toren. Der Concierge kommt im Bademantel mit den Schlüsseln.

Im Zimmer wickeln sich die Mädchen in Decken. Herr von Dessaur ist blass. Hat er dich angefasst? Gerda schüttelt den Kopf. Nein. Wir haben getanzt, und dann saßen wir in einem Boot, aber dann hat sich das Boot losgemacht, und deshalb sind wir … Hat er dich geküsst? Sie antwortet nicht. Ich habe dir eine Frage gestellt. Hat er dich geküsst? Gerda nickt, der Vater schlägt ihr über den Mund. Schlampe, sagt er.

Das Dienstmädchen kommt am nächsten Morgen, ehe es hell ist. Es packt die Taschen. Sie fahren ab, bevor irgendjemand wach ist, warten lange am Bahnhof von Temuco. Herr von Dessaur sitzt Gerda und Claire gegenüber. Die Mädchen lesen schweigend, das Buch halten sie zwischen sich. *Sonata de Otoño.* Die Frau stirbt in seinen Armen, in einem entfernten Flügel des Schlosses. Er muss den Körper in ihr eigenes Bett zurücktragen, durch die Gänge. Ihr langes schwarzes Haar berührt die Steine. Keine Kerzen.

»Für den Rest des Sommers wirst du niemanden sehen, vor allem Claire nicht.«

Schließlich geht Herr von Dessaur hinaus, um zu rauchen,

und nur für einen kurzen, glücklichen Moment können die beiden Freundinnen lachen. Ein fröhliches, sprudelndes Gelächter. Als er zurückkommt, lesen sie schweigend.

Sex-Appeal

Bella Lynn war meine Cousine und bestimmt die Schönste von ganz West-Texas. Sie war Tambourmajorin an der Highschool von El Paso und die Miss Sun Bowl von 1946 und 1947. Später ging sie nach Hollywood, um ein Starlet zu werden. Das klappte nicht. Die Reise begann schlecht wegen ihres Büstenhalters. Er hatte keine Pads, sondern wurde aufgeblasen wie ein Ballon. Zwei Ballons.

Onkel Tyler, Tante Tiny und ich kamen, um sie zu verabschieden. In einer doppelmotorigen DC-6. Keiner von uns hatte je zuvor in einem Flugzeug gesessen. Sie sagte, sie sei mit den Nerven am Ende, sah aber nicht so aus. Sie sah einfach entzückend aus in ihrem pinkfarbenen Pullover aus Angorawolle. Ihre Brüste waren sehr groß.

Zu dritt sahen wir ihrem Flugzeug nach, winkten, bis es weit weg war und in Richtung Kalifornien und Hollywood verschwand. Offensichtlich erreichte es zur selben Zeit eine bestimmte Flughöhe, und wegen des Drucks in der Kabine flog Bella Lynns Büstenhalter in die Luft. Explodierte, meine ich. Glücklicherweise erfuhr das in El Paso niemand. Zwanzig Jahre lang erzählte sie nicht einmal mir davon. Ich glaube aber nicht, dass das der Grund war, warum sie nie ein Starlet wurde.

Ihr Bild wurde immer in der Zeitung von El Paso veröffentlicht. Einmal wurde es eine ganze Woche lang jeden Tag gedruckt … als sie mit Rickie Evers ausging. Rickie Evers hatte sich gerade von einem berühmten Filmstar scheiden lassen. Sein Papa war ein millionenschwerer Hotelbesitzer und lebte in der obersten Etage des Hotel del Norte in El Paso.

Rickie Evers war wegen der nationalen Golfmeisterschaften in der Stadt, und Bella Lynn war fest entschlossen, mit ihm auszugehen. Sie reservierte einen Tisch fürs Abendessen im Del Norte. Sie sagte, ich solle mitkommen, mit elf Jahren sei ich nicht zu jung für ein bisschen Unterricht in Sex-Appeal.

Genau genommen wusste ich gar nichts über Sex-Appeal. Sex schien etwas damit zu tun zu haben, dass man verrückt war. Katzen verhielten sich ziemlich verrückt bei der ganzen Sache, und alle Filmstars schienen verrückt. Bette Davis und Barbara Stanwyck waren ausgesprochen lüstern. Bella Lynn und ihre Freundinnen fläzten sich unter hochtoupierten Locken im Court Café und stießen Rauch aus den Nasenlöchern wie launische Drachen.

Sie waren alle in Aufregung wegen der nationalen Golfmeisterschaften. »Eine Goldmine! Eine Ölquelle, mitten in unserem Garten!«

Wilma, Bella Lynns beste Freundin, wollte mit uns ins Del-Norte-Hotel kommen, aber Bella Lynn sagte: Nix da. Ein grundlegendes Prinzip von Sex-Appeal, sagte sie zu mir, bestehe darin, allein zu arbeiten. Egal, ob die andere Frau hübsch oder hässlich sei … es verzögere bloß jede Unternehmung und verkompliziere sie.

Ich zog etwas an, was ich für das schönste Kleid hielt, das ich je gesehen hatte. Lavendelgetupftes Oberteil mit Puffärmeln und Reifrock. Tante Tiny machte mir französische Zöpfe. Ich benutzte noch keinen Lippenstift, aber ich gab ein bisschen Mercurochrom auf die Lippen. Tante Tiny wies mich an, es sofort abzuwaschen. Aber sie kniff mir in die Wangen. Bella Lynn trug ein lüstern aussehendes braunes Kreppkleid mit Schulterpolstern, lüsternes dunkles Make-up und schwarze Pumps. Wir kamen zu früh ins Hotel. Sie setzte sich in der Lobby auf einen Stuhl mit hoher Lehne, ohne die Sonnenbrille abzusetzen. Sie schlug ein Bein über. Schwarze Seidenstrümpfe. Ich sagte ihr, dass die Nähte schief waren, aber sie sagte, leicht schiefe Nähte hätten Sex-Appeal. Sie gab mir einen Vierteldollar, damit ich mir ein Sodawasser kaufte, aber stattdessen ging ich einfach die Stufen hoch und runter. Eine schöne, große, geschwungene Treppe mit rotem Samtteppich ausgelegt und mit einem geschwungenen Geländer. Ich lief nach oben und stand unter dem Kronleuchter, hoheitsvoll lächelnd. Dann ging ich sehr langsam und huldvoll nach unten, meine Hand streifte leicht das Mahagonigeländer. Dann lief ich wieder hinauf. Ich machte das immer wieder, bis es ganz bestimmt endlich Zeit fürs Essen war. Sie sagte, sie habe die Reservierung verschoben, weil Evers noch nicht aufgetaucht sei. Ich kaufte einen Mandelriegel und setzte mich einige Stühle weiter. Sie flüsterte, ich solle aufhören, auf den Sitz zu klopfen. Sie rauchte Pall-Mall-Zigaretten, die sie allerdings Pell Mell nannte.

Ich erkannte den berühmten Evers und seinen Millionärsvater sofort, als sie hereinkamen. Sie gingen mit einigen anderen Männern in den Speisesaal. Alle trugen Stetsonhüte und Stiefel, außer Evers, der einen Nadelstreifenanzug und keinen Hut trug. Aber ich hätte auch gewusst, dass sie es waren, weil Bella Lynn so fies guckte und jetzt eine Zigarettenspitze benutzte. Sie nahm ihre dunkle Brille ab und ging hinein. Bella Lynn sagte dem Oberkellner, dass ihr Begleiter unabkömmlich verhindert sei. Dass nur wir beide zum Essen kämen.

Ich wollte Backhähnchen, aber sie sagte, das sei zu billig. Sie bestellte uns Rostbraten. Einen Manhattan für sich und einen Kindercocktail für mich. Allerdings nahm sie dann auch einen Kindercocktail, weil sie erst achtzehn war. Sie sagte dem Kellner, sie müsse ihren Führerschein verlegt haben. Wie unangenehm.

Die Männer hatten eine Flasche Whisky auf dem Tisch, und alle außer Rickie Evers rauchten Zigarren.

»Und wie willst du ihn nun kennenlernen?«, fragte ich sie.

»Habe ich dir doch gesagt. Sex-Appeal. Sobald ich seine Aufmerksamkeit erregt habe, kommt er rüber und lädt uns zu unserem guten alten Rostbraten ein.«

»Noch hat er nicht mal hergeguckt.«

»Doch, hat er, aber er hat so getan, als würde er nicht gucken … das ist sein Sex-Appeal. Aber er wird wieder hergucken, und wenn er das tut, schaue ich ihn einfach an, als wäre er der allerletzte, ekelhafteste alte Bluthund.«

Dann sah Rickie Evers tatsächlich zu ihr herüber, und sie schaute ihn genauso an, ungefähr so: Wie konnten sie den nur hereinlassen? In zwei Sekunden stand er hinter dem leeren Stuhl.

»Darf ich Ihnen Gesellschaft leisten?«

»Tja, mein Begleiter ist unabkömmlich verhindert. Vielleicht für ein paar Minuten.«

»Was trinken Sie?«, fragte er.

»Kindercocktail«, sagte ich, aber sie sagte Manhattan. Er bat den Kellner, mir einen Kindercocktail zu bringen. Manhattans für ihn und die Dame. Der Kellner sagte nichts über ihren Führerschein.

»Ich bin Bella Lynn, und das ist Little Lou, eine Cousine. Entschuldigung, ich habe Ihren Namen nicht ganz verstanden«, sagte sie, obwohl sie genau wusste, wer er war.

Er sagte ihr seinen Namen, und sie sagte: »Dein Papa und mein Papa spielen zusammen Golf.«

»Kommen Sie morgen zur Eröffnung der Golfmeisterschaften?«, fragte er.

»Ich bin nicht sicher. Diese Menschenmassen sind so unerträglich. Aber Little Lou möchte unbedingt hin.«

Schließlich beschlossen sie, am nächsten Tag zum Golfwettkampf zu gehen, um mich nicht zu enttäuschen. Es war das Letzte, was ich tun wollte, aber morgen würden sie ohnehin vergessen haben, wie sehr ich angeblich hatte hingehen wollen.

Sie tranken ihre Manhattans, und dann aßen wir vor unserem Rostbraten Krabbencocktail. Gebackene Eiscremetorte als Nachtisch, die, wie ich fand, erstaunlich war.

Nach dem Essen wollten sie Nightclubs in Juarez besuchen, und bei Crème de Menthe wurde das Problem besprochen, wie man mich nach Hause bekäme. Mit dem Taxi, sagte Bella Lynn, aber er bestand darauf, mich abzusetzen, bevor sie über die Grenze fuhren.

Bella Lynn ging sich die Nase pudern. Ich ging nicht, ich wusste noch nicht, dass man immer mitgeht, um die Situation zu besprechen.

Als sie weg war, ließ Rickie Evers sein goldenes Feuerzeug fallen, und als er sich danach bückte, strich er mir mit der Hand übers Bein, streichelte die Innenseite meines Knies.

Ich aß einen Bissen von der Eiscremetorte und sagte, dass ich mich fragen würde, wie sie das so hinbekämen. Er hob sein Feuerzeug auf und sagte mir, ich hätte Torte am Kinn. Als er es mit seiner großen Leinenserviette abwischte, streifte sein Arm meine Brust. Es war mir peinlich, ich trug noch nicht einmal einen Übungs-BH.

Bella Lynn kam von der Damentoilette zurück, spazierte in

ihren schiefen Nähten langsam durch den Raum und tat so, als spürte sie nicht, wie die Männer sie anstarrten. Der ganze Speisesaal hatte Bella Lynn und Rickie Evers während des Essens angestarrt. Ich glaube, der mexikanische Hilfskellner hatte gesehen, was Evers tat, nachdem er das Feuerzeug fallen ließ.

In der großen schwarzen Limousine saß ich zwischen Evers und Bella Lynn. Die Fenster fuhren hoch und runter, als er einen Knopf drückte, sogar die hinteren. Es gab einen Zigarettenanzünder, und er streifte mein Bein, als er ihn zurückschob, und noch einmal meine Brust, als er sich über mich beugte, um ihr die Pell Mell anzuzünden.

Wir bogen in die Auffahrt ein.

»Wie wär's mit einem Gutenachtkuss, Little Lou?«, fragte er. Bella Lynn lachte. »Wieso, sie ist noch nicht mal sechzehn.« Während sie ausstieg, biss er mir in den Nacken.

Bella Lynn kam mit mir hinein, um sich ihr Tuch zu holen, und ihren Flakon Tabu.

»Siehst du, Lou, was ich dir über Sex-Appeal gesagt habe? Kinderleicht!« Ich ging hinein, um mit Onkel Tyler und Tante Tiny *Inner Sanctum* anzuhören. Sie freuten sich wie die Schneekönige, dass Bella Lynn mit dem Exmann des schönsten Filmstars der Welt ausging.

»Wie hat sie das denn hingekriegt?«, wunderte sich Onkel Tyler.

»Na, Tyler ... du weißt doch, unsere Bella Lynn ist das hübscheste Ding westlich des Mississippi!«

»Nein! Es war Sex-Appeal«, sagte ich ihnen.

Sie starrten mich an.

»Kind, ich will nie wieder dieses Wort von dir hören!«, sagte Tante Tiny, wirklich böse. Sie sah genauso aus wie Mildred Pierce.

Liebe Conchi

Liebe Conchi,

die Universität von New Mexico ist ganz und gar nicht, wie wir sie uns vorgestellt haben. Mittelschule in Chile war schwerer als hier das College. Ich wohne in einem Studentenwohnheim, Hunderte Mädchen, alle engagiert und selbstbewusst. Ich fühle mich immer noch seltsam, unwohl.

Der Ort gefällt mir. Auf dem Campus gibt es viele alte Häuser aus Lehm. Die Wüste ist schön, und es gibt Berge. Natürlich nicht wie die Anden, aber auf andere Weise groß. Schroff und steinig. Grobe Klötze werden sie genannt, die Rocky Mountains. Klare saubere Luft, kalte Nächte mit Millionen von Sternen.

Ich habe die völlig falschen Kleider. Ein Mädchen hat sogar zu mir gesagt, dass sich hier niemand so »aufbrezeln« würde wie ich. Ich glaube, ich muss mir weiße Söckchen besorgen und riesige kreisrunde Röcke. Und Bluejeans. Ich meine, die Frauen sehen wirklich schrecklich aus. Den Männern steht das allerdings gut, lässige Klamotten und Stiefel.

An das Essen werde ich mich nie gewöhnen. Müsli zum Frühstück und Kaffee, der so dünn ist wie Tee. Und wenn ich gerade bereit bin zum Fünfuhrtee, servieren sie hier das Abendessen. Und wenn ich Abendessen will, heißt es Licht aus im Wohnheim.

Bei Ramon Sender konnte ich erst fürs nächste Semester ein Seminar ergattern. Ich habe ihn aber in der Eingangshalle gesehen! Ich sagte ihm, *Cronica del Alba* sei mein Lieblingsbuch. Er sagte: »Ja, aber du bist ja auch sehr jung.« Er ist genau so, wie ich ihn mir vorgestellt habe, nur ziemlich alt. Sehr spanisch und arrogant, ehrfurchtgebietend.

Liebe Conchi,

ich habe einen Job, kannst du dir das vorstellen? Teilzeit, aber trotzdem. Korrekturlesen der Collegezeitung *The Lobo*, die einmal die Woche erscheint. Ich arbeite an drei Abenden im Gebäude des Journalismus-Studiengangs, direkt neben dem Wohnheim. Ich habe sogar einen Schlüssel für das Wohnheim, weil es um zehn Uhr abgeschlossen wird und ich bis elf arbeite. Der Drucker ist ein alter Texaner namens Jonesy, der an einer Linotype arbeitet. Eine wunderbare Maschine mit ungefähr tausend Teilen und Schaltern. Kochendes Blei, aus dem Buchstaben werden. Er tut die Worte hinein, und sie klirren und singen und klappern und kommen in Zeilen aus heißem Blei heraus. Jede Zeile scheint wichtig.

Er bringt mir verschiedene Sachen bei, wie man Überschriften verfasst, welche Geschichten gut sind und warum. Oft neckt er mich, spielt mir Streiche, damit ich aufpasse. Mitten in eine Geschichte über ein Baseballspiel baut er etwas ein wie »Down upon the Shawnee River«.

Manchmal kommt ein Mann namens Joe Sanchez herein und bringt den Abzug und ein Bier für Jonesy. Er schreibt über Sport und fürs Feuilleton. Er ist Student, aber viel älter als die Jungs in meinen Seminaren, weil er ein Veteran ist und auf Kosten der Army studiert. Er erzählt uns von Japan, wo er als Sanitäter war. Er sieht aus wie ein Indianer, hat glänzendes schwarzes Haar, lang, das er zu einem Entenschwanz kämmt.

Entschuldige, ich benutze schon Ausdrücke, die du nie gehört hast. Die meisten Jungs hier tragen Bürstenschnitt, was heißt, dass sie sich praktisch die Köpfe rasieren. Einige haben längere Haare, zurückgekämmt zu etwas, was wie ein Entenschwanz aussieht.

Ich vermisse dich und Quena sehr. Ich habe noch keine Freundinnen gefunden. Ich bin anders, weil ich aus Chile komme. Ich glaube, die anderen halten mich für hochnäsig, weil ich nicht offen bin. Ich verstehe den Humor noch nicht, werde verlegen, weil jede Menge Witze und Andeutungen über Sex gemacht werden. Fremde erzählen dir ihr ganzes Leben, sind aber nicht so emotional und herzlich wie Chilenen, sodass ich nicht das Gefühl habe, sie zu kennen.

In all den Jahren in Südamerika wollte ich zurück in mein Land, die USA, weil es eine Demokratie ist, nicht so ein Zweiklassensystem wie in Chile. Hier gibt es auf jeden Fall unterschiedliche Klassen. Mädchen, die anfangs nett zu mir waren, schneiden mich jetzt, weil ich die Fuchsenzeit nicht durchlaufen habe, im Wohnheim wohne und nicht im Haus einer Studentinnenverbindung. Und einige Verbindungen sind »besser« als andere. Reicher.

Gegenüber meiner Mitbewohnerin Ella erwähnte ich, dass Joe, der Reporter, witzig und nett sei, und sie sagte: »Ja, aber er ist Mexikaner.« Er stammt nicht aus Mexiko, sie nennen hier nur jeden so, der spanische Wurzeln hat. Es gibt nicht so viele Mexikaner an der Universität, im Vergleich zur Bevölkerung hier, und nur etwa zehn Schwarze.

Meine Journalismusseminare laufen gut, großartige Lehrer, sie sehen sogar wie Reporter in alten Filmen aus. Ich habe trotzdem ein komisches Gefühl. Ich habe mir Journalismus als Hauptfach ausgesucht, weil ich Autorin sein möchte, aber beim Journalismus geht es vor allem darum, die guten Sachen rauszuschneiden …

Liebe Conchi,

ich bin schon mehrmals mit Joe Sanchez ausgegangen. Er bekommt Freikarten für Veranstaltungen, um darüber zu schreiben. Ich mag ihn, weil er nie etwas nur deshalb sagt, weil man es eben so sagt. Es ist sehr cool, Dave Brubeck zu mögen, einen Jazzpianisten, aber in seiner Rezension nannte Joe ihn eine Niete. Die Leute wurden richtig wütend. Und Billy Graham. Dir als Katholikin kann ich kaum erklären, was ein Evangelist ist. Er redet, schreit was von Gott und Sünde, und versucht, die Leute dazu zu bringen, ihr Leben Jesus zu widmen. Alle, die ich kenne, halten den Typen für verrückt, geldgierig und hoffnungslos abgeschmackt. Die Kolumne, die Joe geschrieben hat, handelte von der Schlauheit und der Macht dieses Mannes. Es war ein Artikel über den Glauben.

Danach gehen wir nicht in Studentenkneipen, sondern in kleine Restaurants im South Valley, in mexikanische Bars oder in Cowboykneipen. Es ist dort wie in einem anderen Land. Wir fahren hinauf in die Berge oder in die Wüste, wandern meilenweit oder steigen hoch hinauf. Er versucht nicht, mit mir »rumzumachen« (*atracar*), wie es die anderen Jungs hier unerbittlich tun. Wenn er sich verabschiedet, berührt er nur meine Wange. Einmal hat er mein Haar geküsst.

Er redet nicht über Themen, Veranstaltungen oder Bücher. Da erinnert er mich an Onkel John. Er erzählt Geschichten über seine Brüder oder seinen Großvater oder über Geishas in Japan.

Ich mag ihn, weil er mit allen redet. Er will wirklich wissen, was die Leute denken.

Liebe Conchi,

ich gehe mit einem sehr gebildeten Mann aus, mit Bob Dash. Wir waren im Theater, *Warten auf Godot,* und haben einen italienischen Film im Kino gesehen, ich vergesse immer den Titel. Er sieht aus wie ein attraktiver Schriftsteller auf einem Buchumschlag. Pfeife, Ärmelschoner an den Ellbogen. Er wohnt in einem Lehmziegelhaus, das voll ist mit indianischen Töpfen und Teppichen und mit moderner Kunst. Wir trinken Gin Tonics mit Limette, hören Musik, so was wie Bartóks Sonate für zwei Klaviere und Schlagzeug. Er redet viel über Bücher, von denen ich noch nie etwas gehört habe, und hat mir schon ein Dutzend Bücher geliehen ... Sartre, Keerkegard (wie schreibt man das?), Beckett und T. S. Eliot und viele andere. Ich mag ein Gedicht mit dem Titel *Die hohlen Männer.*

Joe hat zu mir gesagt, Dash ist selbst ein hohler Mann. Er war über die Maßen verärgert darüber, dass ich mit Bob ausgehe oder auch nur einen Kaffee mit ihm trinke. Er sagt, er ist nicht eifersüchtig, er kann nur den Gedanken nicht ertragen, dass ich eine Intellektuelle werde. Sagt, als Gegengift solle ich mir Patsy Cline anhören und Charlie Parker. Lies Walt Whitman und Thomas Wolfes *Schau heimwärts, Engel.*

Eigentlich mag ich Camus' *Der Fremde* lieber als *Schau heimwärts, Engel.* Aber ich mag Joe, weil er dieses Buch mag. Er hat keine Angst vor Kitsch. Er liebt Amerika und New Mexico, das spanischsprachige Viertel, in dem er wohnt, die Wüste. Wir machen lange Wanderungen in den Ausläufern des Gebirges.

Einmal kam ein großer Staubsturm auf. Steppenläufer, die durch die Luft peitschten, und heulende gelbe Staubblizzards. Er tanzte darin herum. Ich konnte ihn kaum hören, als er rief, wie wunderbar die Wüste sei. Wir sahen einen Kojoten, hörten ihn jaulen.

Mit mir ist er auch kitschig. Er erinnert sich an Sachen und hört mir zu, wenn ich nicht aufhören kann zu reden. Einmal weinte ich ohne Grund, ich vermisste einfach dich und Quena und mein Zuhause. Er versuchte nicht, mich aufzumuntern, hielt mich nur fest und ließ mich traurig sein. Wir sprechen spanisch, wenn wir über schöne Sachen reden oder wenn wir uns küssen. Wir küssen uns oft.

Liebe Conchi,

ich habe eine Kurzgeschichte geschrieben, mit dem Titel *Äpfel.* Sie handelt von einem alten Mann, der Äpfel aufliest. Bob Dash strich etwa ein Dutzend Adjektive rot an und sagte, es sei eine »annehmbare kleine Geschichte«. Joe sagte, sie sei prätentiös und falsch. Und dass ich nur das schreiben soll, was ich fühle, und mir nicht etwas über einen alten Mann ausdenken soll, den ich gar nicht kenne. Es kümmert mich nicht, was sie sagen. Ich habe sie wieder und wieder gelesen.

Natürlich kümmert es mich.

Ella, meine Mitbewohnerin, sagte, sie würde es lieber nicht lesen. Ich wünschte, wir würden uns besser verstehen. Ihre Mutter schickt ihr jeden Monat Tampons aus Oklahoma. Sie studiert Schauspiel im Hauptfach. Mein Gott, wie will sie jemals Lady Macbeth spielen, wenn sie nicht mal bei ein bisschen Blut die Nerven behält?

Ich lerne Bob Dash besser kennen. Mit ihm ist es, als hätte ich ein Privatseminar. Heute waren wir Kaffee trinken und haben über *Nausea* geredet. Aber öfter denke ich an Joe. Ich treffe ihn zwischen den Seminaren oder wenn ich arbeite. Er, Jonesy und ich lachen viel, essen Pizza und trinken Bier. Joe hat ein kleines Zimmer, das so was wie sein Büro ist, dort küssen wir uns. Ich denke nicht wirklich an ihn, sondern daran, ihn zu küssen. In Lektorieren I habe ich daran gedacht und sogar gestöhnt oder irgendwas laut gesagt, und der Professor sah mich an und sagte: »Ja, Miss Gray?«

Liebe Conchi,

ich lese Jane Austen. Die Art, wie sie schreibt, ist wie Kammermusik, aber es ist echt und gleichzeitig witzig. Es gibt tausend Bücher, die ich lesen möchte, und ich weiß nicht, womit ich anfangen soll. Ich werde nächstes Semester englische Literatur als Hauptfach nehmen …

Liebe Conchi,

ein altes Ehepaar hat die Stelle des Hausmeisters im Journalismus-Gebäude. Eines Abends luden sie uns nach der Arbeit zu einem Bier aufs Dach ein. Das Dach wird von Pappeln überragt, und man kann unter den Bäumen sitzen und die Sterne anschauen. Wenn man will, kann man auf der einen Seite die Autos auf der Route 66 beobachten oder auf der anderen Seite in die Fenster des Wohnheims schauen, in dem ich wohne. Sie haben uns einen Schlüssel für die Besenkammer gegeben, wo die Leiter zum Dach steht. Niemand sonst kennt diesen Ort. Wir gehen zwischen den Seminaren und nach der Arbeit hinauf. Joe hat einen Grill mitgebracht, eine Matratze und Kerzen. Es ist wie unsere eigene Insel oder unser Baumhaus …

Liebe Conchi,

ich bin glücklich. Wenn ich morgens aufwache, tut mir das Gesicht vom Lächeln weh.

Ich glaube, als ich klein war, habe ich manchmal Frieden gespürt, im Wald oder auf einer Wiese, und in Chile war ich immer vergnügt. Ich hatte Spaß beim Skilaufen. Aber ich war nie so glücklich wie mit Joe. Habe nie gefühlt, dass ich ich selbst war und dafür geliebt wurde.

Wenn ich mich fürs Wochenende abmelde, gebe ich seine Adresse an, wo dann sein Vater die Verantwortung für mich hat. Joe lebt mit seinem Vater, der sehr alt ist, ein pensionierter Lehrer. Er kocht gern, schrecklich fettiges Essen. Er trinkt den ganzen Tag Bier. Die einzige Wirkung, die das zu haben scheint, ist, dass er beim Kochen dauernd Lieder singt wie *Minnie the Mermaid* und *Rain on the Roof.* Und er erzählt Geschichten über jeden in Armijo, dem Viertel, in dem er wohnt. Die meisten waren seine Schüler.

Liebe Conchi,

an den Wochenenden fahren wir meistens in die Jemez-Berge und wandern den ganzen Tag, nachts zelten wir. Es gibt dort oben ein paar heiße Quellen. Bis jetzt war da nie jemand, wenn wir dort waren. Rehe und Eulen, Schafe mit großen Hörnern, blaue Raben. Wir liegen im Wasser, reden oder lesen laut vor. Joe liest gern Keats.

In meinen Seminaren und bei der Arbeit läuft es gut, aber ich kann es nie erwarten, dass sie vorbei sind und ich mit Joe zusammen sein kann. Er arbeitet auch als Sportreporter für die *Tribune,* und deshalb ist es nicht leicht, Zeit zu finden. Wir gehen zu Leichtathletikveranstaltungen und zu Basketballspielen der Highschool, zu Stockcarrennen. Football mag ich nicht, ich vermisse Fußball- und Rugbyspiele.

Liebe Conchi,

alle sind über die Maßen verärgert über mich und Joe. Die Hausmutter hielt mir eine Rede. Bob Dash war grässlich, las mir etwa eine Stunde lang die Leviten, bis ich aufstand und ging. Sagte, Joe sei vulgär und gewöhnlich, ein Hedonist ohne Gefühl für Werte und ohne Bildungshorizont. Unter anderem. Die meisten machen sich Sorgen, weil ich so jung bin.

Sie denken, ich werfe meine Ausbildung oder meine Karriere weg. Jedenfalls sagen sie das. Ich glaube, sie sind eifersüchtig, weil wir so ineinander verliebt sind. Und egal, welche Argumente sie anbringen, ob ich meinen Ruf ruiniere oder meine Zukunft aufs Spiel setze, immer kommen sie darauf zurück, dass er Mexikaner ist. Niemandem scheint in den Sinn zu kommen, dass ich, aus Chile, vielleicht natürlicherweise einen Lateinamerikaner mögen könnte, jemanden mit Gefühl. Ich passe hier überhaupt nicht hinein. Ich wünschte, Joe und ich könnten nach Hause, nach Santiago gehen …

Liebe Conchi,

jemand hat doch wirklich an meine Eltern geschrieben und ihnen gesagt, dass ich eine Affäre mit einem viel älteren Mann habe. Sie riefen an, völlig hysterisch, und kommen jetzt extra aus Chile. Zu Silvester werden sie hier sein. Angeblich hat meine Mutter wieder angefangen zu trinken. Mein Vater sagt, das sei alles meine Schuld.

Wenn ich mit Joe zusammen bin, ist das alles nicht wichtig. Ich glaube, er ist ein Reporter, weil er gern mit den Leuten redet. Wo wir auch hingehen, am Ende unterhalten wir uns immer mit Fremden. Und mögen sie.

Ich glaube, ich habe die Welt nie richtig gemocht, bevor ich ihn kennenlernte. Meine Eltern mögen die Welt nicht, mich auch nicht, sonst würden sie mir vertrauen.

Liebe Conchi,

sie kamen zu Silvester an, waren aber erschöpft von der Reise, und so haben wir nur ein bisschen geredet. Sie hörten gar nicht, dass ich überall die Note A bekomme, dass ich meinen Job mag, dass ich an diesem Abend zur Königin des Newsprint-Balls auserwählt wurde. Ich bin ein gefallenes Mädchen, eine ordinäre Schlampe usw. »Mit einem Mann, der sich die Haare ölt«, sagte meine Mutter.

Der Ball war wundervoll. Vorher waren wir mit Freunden aus dem Institut Abend essen und lachten viel. Es gab eine Zeremonie, bei der ich eine Krone aus Zeitungspapier und eine Orchidee bekam. Aus irgendeinem Grund hatte ich nie zuvor mit Joe getanzt. Es war wunderbar. Mit ihm zu tanzen.

Wir hatten vereinbart, uns am nächsten Tag mit meinen Eltern zu treffen, in ihrem Motel. Mein Vater sagte, er und Joe könnten das Rose-Bowl-Spiel anschauen, was das Eis brechen würde.

Ich bin so blöd. Ich sah, dass sie schon Martinis getrunken hatten, dachte, sie wären entspannter. Joe war großartig. Ungezwungen, warm, offen. Sie waren wie Stein.

Daddy entspannte sich ein bisschen, als das Spiel begann, er und Joe genossen es beide. Mama und ich saßen da und hörten zu. Joe trinkt sonst nur Bier und wurde von Daddys Martinis richtig aufgedreht. Bei jedem Feldtor brüllte er »Verdammte Scheiße!« oder *»A la verga!«*. Einige Male boxte er Daddy gegen die Schulter. Mama zuckte zusammen und sagte kein Wort.

Nach dem Spiel wollte Joe meine Eltern in ein Restaurant einladen, aber mein Vater sagte, dass er und Joe etwas beim Chinesen holen sollten.

Während sie weg waren, redete Mama von der Schande, die ich ihnen durch mein unmoralisches Verhalten gemacht hätte, wie empört sie sei.

Conchi, ich weiß, wir haben einander versprochen, dass wir uns vom Sex erzählen, vom ersten Mal, wenn eine von uns Liebe macht. Darüber zu schreiben ist schwer. Schön daran ist, dass es zwischen zwei Menschen stattfindet, so nackt und nah, wie es nur geht. Jedes Mal ist es anders und überraschend. Manchmal lachen wir die ganze Zeit. Manchmal muss man weinen.

Sex ist das Wichtigste, was mir je widerfahren ist. Was meine Mutter zu mir sagte, konnte ich nicht begreifen: dass ich schmutzig sei.

Weiß Gott, worüber Joe und Daddy redeten. Beide waren blass, als sie zurückkamen. Offenbar sagte mein Vater Sachen wie »Unzucht mit Minderjährigen«, und Joe sagte, er würde mich morgen heiraten, was für meine Eltern das Schlimmste war, was er sagen konnte.

Nachdem wir gegessen hatten, sagte Joe: »Nun, wir sind alle ziemlich müde. Ich gehe jetzt besser. Kommst du mit, Lu?«

»Nein, sie bleibt hier«, sagte mein Vater.

Ich stand da, erstarrt.

»Ich gehe mit Joe«, sagte ich. »Wir sehen uns morgen früh.«

Ich schreibe dir aus dem Wohnheim. Es ist unheimlich still. Die meisten Mädchen sind über Weihnachten nach Hause gefahren.

Auf der Fahrt nach Hause erzählte mir Joe kurz, was mein Vater gesagt hatte, ansonsten sagte er nichts. Ich konnte auch nichts sagen. Als wir uns zum Abschied küssten, dachte ich, mir würde das Herz brechen.

Liebe Conchi,

meine Eltern nehmen mich Ende des Semesters von der Uni. Sie werden in New York auf mich warten. Ich soll dorthin kommen, und dann gehen wir bis zum Herbstsemester nach Europa.

Ich nahm mir ein Taxi, um zu Joe zu fahren. Wir fuhren zum Sandia Peak, um zu reden, stiegen in sein Auto. Ich wusste nicht, was er sagen würde, was ich wollte.

Ich hoffte, er würde sagen, er werde auf mich warten, dass

er noch da sei, wenn ich zurückkäme. Aber er sagte, wenn ich ihn wirklich lieben würde, würde ich ihn jetzt sofort heiraten. Ich antwortete ihm darauf. Er müsse seinen Abschluss machen; er arbeitet nur Teilzeit. Ich sagte nicht die ganze Wahrheit, nämlich, dass ich das Studium nicht abbrechen will. Ich möchte Shakespeare lesen, die Dichter der Romantik. Er sagte, wir könnten bei seinem Vater leben, bis wir genug Geld hätten. Wir fuhren über die Rio-Grande-Brücke, als ich sagte, ich möchte noch nicht heiraten.

»Du wirst sehr lange nicht wissen, was du da wegwirfst.«

Ich sagte, ich wüsste, was wir hätten, und dass es noch da sein würde, wenn ich zurückkäme.

»Es schon, nur ich nicht. Nein, geh ruhig, hab ›Beziehungen‹, heirate irgendein Arschloch.«

Er öffnete die Autotür, schob mich hinaus auf die Brücke des Rio Grande, ohne anzuhalten. Er fuhr weg. Ich lief durch die halbe Stadt zurück zum Wohnheim. Ich dachte die ganze Zeit, er würde hinter mir anhalten, aber er kam nie.

Melina

In Albuquerque ging mein Mann Rex abends in ein Seminar an der Universität oder in sein Bildhauer-Atelier. Ich nahm Ben, unser Kind, im Kinderwagen auf lange Spaziergänge mit. In einer mit Ulmen bestandenen Straße oben auf dem Berg war das Haus von Clyde Tingley. Wir gingen jedes Mal an diesem Haus vorbei. Clyde Tingley war ein Millionär, der sein gesamtes Geld Kinderkrankenhäusern in den Staaten vermachen würde. Wir gingen an seinem Haus vorbei, weil er nicht nur zu Weihnachten, sondern immer Weihnachtsbaumbeleuchtung aufgehängt hatte, auf der ganzen Veranda und an jedem Baum. Er schaltete sie ein, sobald es dämmrig wurde und wir auf dem Nachhauseweg waren. Manchmal saß er in seinem Rollstuhl auf der Veranda, ein dürrer alter Mann, der »Hallo« und »Herrlicher Abend!« zu uns herüberrief, wenn wir vorbeikamen. Eines Abends schrie er mir allerdings zu: »Halt! Halt! Mit die Kinderfüße stimmt was nix! Muss untersucht werden.«

Ich schaute auf Bens Füße, mit denen alles in Ordnung war.

»Nein, das ist nur, weil er zu groß für den Kinderwagen ist. Er zieht sie so komisch hoch, damit sie nicht auf der Erde schleifen.«

Ben war so klug. Er konnte noch nicht sprechen, schien es aber zu verstehen. Er stellte seine Füße fest auf die Erde, als wollte er dem alten Mann zeigen, dass mit ihnen alles okay war.

»Mütter wollen nie zugeben, wenn es ein Problem gibt. Sie gehen jetzt mit ihm zu einem Arzt.«

In diesem Moment kam ein ganz in Schwarz gekleideter Mann auf uns zu. Auch damals sah man kaum Menschen, die draußen spazieren gingen, weshalb er eine Überraschung war. Er hockte sich auf den Bürgersteig und nahm Bens Füße in die Hand. Der Riemen eines Saxofons baumelte von seinem Hals herab, und Ben griff danach.

»Nein, Sir. Nichts auszusetzen an den Füßen des Jungen«, sagte er.

»Da bin ich aber froh«, rief Clyde Tingley.

»Danke trotzdem«, sagte ich.

Der Mann und ich standen da und unterhielten uns, und dann begleitete er uns nach Hause. Das war 1956. Er war der erste Beatnik, dem ich begegnete. Einen wie ihn hatte ich in Albuquerque noch nie gesehen. Jüdisch, mit einem Brooklyner Akzent. Lange Haare und Bart, dunkle Brillengläser. Aber er kam mir nicht düster vor. Ben mochte ihn sofort. Er hieß Beau. Er war Dichter und Musiker, spielte Saxofon. Erst später fand ich heraus, dass das, was ihm um den Hals hing, ein Saxofonriemen war.

Wir wurden sofort Freunde. Er spielte mit Ben, während ich Eistee machte. Nachdem ich Ben schlafen gelegt hatte, saßen wir draußen auf den Stufen der Veranda und redeten, bis Rex nach Hause kam. Die beiden Männer waren höflich zueinander, verstanden sich aber nicht so gut, das merkte ich sofort. Rex war Doktorand. Wir waren damals wirklich arm, aber Rex wirkte wie jemand, der älter war und Einfluss hatte. Der Hauch von Erfolg, vielleicht eine gewisse Arroganz. Beau benahm sich, als wäre ihm das egal, aber ich wusste schon, dass das nicht stimmte. Als er gegangen war, sagte Rex, ihm gefalle es nicht, dass ich Jazzfreaks mit nach Hause schleppte.

Beau trampte zurück nach New York … dem Big Apple … nach sechs Monaten San Francisco. Er wohnte bei Freunden, aber sie arbeiteten tagsüber, also besuchte er mich und Ben an den vier Tagen, die er hier war, jeden Tag.

Beau hatte ein Bedürfnis zu reden. Ich fand es wunderbar, jemanden reden zu hören, abgesehen von Bens wenigen Worten, und so war ich froh, ihn zu sehen. Außerdem erzählte er von einer Liebschaft. Er hatte sich verliebt. Ich wusste ja, dass Rex mich liebte, und wir waren glücklich, würden ein glückliches gemeinsames Leben haben, aber er war nicht so schrecklich in mich verliebt wie Beau in Melina.

Beau war in San Francisco Sandwichverkäufer gewesen, hatte einen kleinen Wagen mit süßen Brötchen und Kaffee, Limonaden und Sandwiches. Er schob ihn über die Flure eines riesigen Bürogebäudes. Eines Tages schob er den Wagen ins Büro einer Versicherung, und dort sah er sie. Melina. Sie machte die Ablage, aber nicht wirklich, denn sie sah mit einem verträumten Lächeln aus dem Fenster. Sie hatte langes, blondgefärbtes Haar und trug ein schwarzes Kleid. Sie war sehr klein und dünn. Aber es war ihre Haut, sagte er. Es war, als wäre sie gar kein Mensch, sondern ein Wesen aus weißer Seide, aus Milchglas.

Beau wusste nicht, wie ihm geschah. Er ließ den Wagen und seine Kunden stehen und ging durch eine kleine Pforte dorthin, wo sie stand. Er sagte ihr, dass er sie liebe. »Ich will dich«, sagte er. »Ich hole den Toilettenschlüssel. Komm. Es dauert nur fünf Minuten.« Melina sah ihn an und sagte: »Ich komme gleich.«

Ich war damals ziemlich jung. Das war das Romantischste, was ich je gehört hatte.

Melina war verheiratet und hatte ein kleines Mädchen, das etwa ein Jahr alt war. Bens Alter. Ihr Mann spielte Trompete. Er war während der zwei Monate, die Beau Melina traf, unterwegs. Sie hatten eine leidenschaftliche Affäre, und als ihr Mann nach Hause kam, sagte sie zu Beau: »Zeit, zu gehen.« Also ging er.

Beau sagte, man musste alles machen, was sie sagte, und dass sie ihn verzaubert hatte, genau wie ihren Ehemann, wie jeden Mann, der sie kannte. Man konnte nicht eifersüchtig werden, sagte er, weil es völlig normal schien, dass auch jeder andere Mann sie liebte.

Beispielsweise … das Kind war nicht einmal von ihrem Mann. Eine Zeit lang hatten sie in El Paso gelebt. Melina arbeitete bei Piggly Wiggly, verpackte Fleisch und Hähnchen und schweißte es in Plastik ein. Hinter einem Glasfenster, mit einem lustigen Papierhut auf dem Kopf. Und trotzdem sah sie dieser mexikanische Stierkämpfer, als er Steaks kaufte. Er schlug auf den Tresen und drückte eine Klingel, bestand dem Schlachter gegenüber darauf, die Einpackfrau zu sehen. Er brachte sie dazu, von der Arbeit wegzugehen. So sehr nahm sie einen mit, sagte Beau. Man musste sofort in ihrer Nähe sein.

Einige Monate später stellte Melina fest, dass sie schwanger war. Sie war wirklich glücklich und sagte es ihrem Mann. Er war wütend. Das kann gar nicht sein, sagte er, ich bin sterilisiert. Was? Melina war empört. Und du hast mich geheiratet, ohne mir das zu sagen? Sie warf ihn aus dem Haus, tauschte die Schlösser aus. Er schickte ihr Blumen, schrieb ihr leidenschaftliche Briefe. Er zeltete vor ihrem Haus, bis sie ihm das, was er getan hatte, schließlich verzieh.

Sie nähte die Kleidung für die gesamte Familie. Sie hatte alle Zimmer der Wohnung mit Stoffen bedeckt. Auf den Fußböden lagen Matratzen und Kissen, sodass man, wie ein Baby, von Zelt zu Zelt krabbelte. Im Kerzenschein wusste man weder tagsüber noch nachts, wie spät es war.

Beau erzählte mir alles von Melina. Von ihrer Kindheit in Waisenheimen, wie sie mit dreizehn weglief. Sie war ein B-Mädchen in einer Bar (ich bin nicht sicher, was das ist), und ihr Ehemann hatte sie aus einer sehr üblen Lage gerettet. Sie ist taff, sagte Beau, sie hat ein schmutziges Mundwerk. Aber ihre Augen, ihre Berührungen, sie sind wie die eines kindlichen Engels. Es war dieser Engel, der einfach in mein Leben kam und es für immer ruinierte … Er konnte pathetisch werden, wenn es um sie ging, und manchmal weinte er sogar und wollte nicht mehr aufhören, aber ich wollte alles über sie hören, wünschte, ich könnte sein wie sie. Taff, mysteriös, schön.

Ich war traurig, als Beau ging. Er war wie ein Engel in meinem Leben. Als er weg war, wurde mir klar, wie wenig Rex mit mir oder mit Ben sprach. Ich fühlte mich so einsam, dass ich sogar daran dachte, unsere Zimmer in Zelte zu verwandeln.

Einige Jahre danach war ich mit einem anderen Mann verheiratet, einem Jazzpianisten namens David. Er war ein guter Mann, aber auch er war still. Ich weiß nicht, warum ich diese stillen Typen heiratete, wenn Reden doch das ist, was mir am besten gefällt. Aber wir hatten eine Menge Freunde.

Musiker, die in die Stadt kamen, wohnten bei uns, und während die Männer spielten, kochten wir Frauen, redeten, lagen im Gras und spielten mit den Kindern.

Ich musste David alles aus der Nase ziehen, damit er mir etwas erzählte, wie es in der ersten Klasse gewesen war oder von seiner ersten Freundin, irgendwas. Ich wusste, er hatte fünf Jahre mit einer Frau zusammengelebt, einer wunderschönen Malerin, aber er wollte nicht über sie reden. Hey, sagte ich, ich habe dir mein ganzes Leben erzählt, erzähl mir was von dir, erzähl mir davon, wie du dich zum ersten Mal verliebt hast … Da lachte er, erzählte es mir aber. Das ist leicht, sagte er.

Es war eine Frau, die mit ihrem besten Freund zusammenwohnte, einem Bassgitarristen, Ernie Jones. Unten im South Valley, am Bewässerungsgraben. Einmal war er dorthin gegangen, um Ernie zu besuchen, und als Ernie nicht zu Hause war, ging er hinunter zum Graben.

Sie sonnte sich, nackt und weiß auf dem grünen Gras. Als Sonnenbrille trug sie solche Spitzen-Papierdeckchen, die sie unter die Eisbecher legen.

»Und das war's?«, stachelte ich ihn an.

»Also, ja. Das war's. Ich habe mich verliebt.«

»Aber wie war sie?«

»Sie war wie niemand sonst auf der Welt. Einmal lagen Ernie und ich am Graben herum, redeten und rauchten Gras. Wir waren wirklich schlecht drauf, weil wir beide keinen Job hatten. Sie unterstützte uns beide mit ihrem Job als Kellnerin. Eines Tages kellnerte sie bei einem Lunchbankett und brachte alle Blumen mit nach Hause, ein ganzes Zimmer voll. Aber sie trug sie alle stromaufwärts und warf sie in den Graben. Also, Ernie und ich saßen trübsinnig am Ufer, starrten ins schlammige Wasser, und auf einmal trieben eine Million Blumen vorbei. Sie hatte auch Essen und Wein mitgenommen, sogar Besteck und Tischdecken, die sie auf dem Gras ausbreitete.

»Und, hast du mit ihr geschlafen?«

»Nein. Ich habe nicht einmal mit ihr geredet, schon gar nicht allein. Ich erinnere mich nur an sie – im Gras.«

»Hm«, sagte ich, erfreut über so viel Information und seinen irgendwie kitschigen Gesichtsausdruck. Ich mochte Liebesgeschichten aller Art.

Wir zogen nach Santa Fe, wo David bei Claude's Klavier spielte. Eine Menge guter Musiker kamen in diesen Jahren durch die Stadt und spielten für ein, zwei Abende mit Davids Trio. Einmal kam ein richtig guter Trompeter, Paco Duran. David spielte gern mit ihm und fragte mich, ob ich einverstanden sei, wenn Paco, seine Frau und sein Kind eine Woche bei uns blieben. Klar, sagte ich, das wird schön.

Das war es auch. Paco spielte großartig. Er und David spielten die ganze Nacht im Club und den ganzen Tag zu Hause. Pacos Frau, Melina, war exotisch und unterhaltsam. Sie redeten und benahmen sich wie Jazzmusiker aus L. A. Nannten unser Haus eine Bude und sagten »Schnallst du's?« und »am Arsch«. Ihre kleine Tochter und Ben verstanden sich großartig, aber sie waren beide in einem Alter, in dem sie ständig was anstellten. Wir versuchten, sie ins Laufgitter zu setzen, aber keiner von beiden wollte. Melina kam auf die Idee, dass wir sie einfach weitermachen lassen und sie und ich uns mit unserem Kaffee und dem Aschenbecher ins Laufgitter setzen sollten. Da waren wir also, saßen da drin, während die Kinder Bücher aus dem Bücherregal räumten. Sie erzählte mir von Las Vegas, und es kam mir vor wie ein anderer Planet. Während ich ihr zuhörte und sie nicht nur ansah, sondern umgeben war von ihrer außerirdischen Schönheit, wurde mir klar, dass sie Beaus Melina war.

Irgendwie konnte ich nicht darüber reden. Ich konnte nicht sagen, hey, du bist so schön und seltsam, du musst Beaus Liebschaft sein. Aber ich dachte an Beau und vermisste ihn, hoffte, dass es ihm gut ging.

Sie und ich machten das Abendessen, und die Männer gingen zur Arbeit. Wir badeten die Kinder und gingen hinaus auf die hintere Veranda, rauchten und tranken Kaffee, redeten über Schuhe. Wir redeten über alle wichtigen Schuhe in unserem Leben. Die ersten Billigslipper, die ersten High Heels. Silberne Plateauschuhe. Stiefel, die wir mal hatten. Perfekte Pumps. Handgemachte Sandalen. *Huaraches.* Pfennigabsätze. Während wir redeten, bewegten sich unsere Füße im feuchten grünen Gras neben der Veranda. Ihre Zehennägel waren schwarz lackiert.

Sie fragte mich nach meinem Sternzeichen. Normalerweise nervte mich das, aber ich ließ sie alles über meine Skorpioneigenschaften erzählen und glaubte ihr jedes Wort. Ich sagte ihr, dass ich aus der Hand lesen könne, ein bisschen, und schaute mir ihre Hände an. Es war zu dunkel, also ging ich hinein, holte eine Kerosinlampe und stellte sie auf die Stufen zwischen uns. Ich hielt ihre zwei weißen Hände im Licht von Lampe und Mond und erinnerte mich an das, was Beau über ihre Haut gesagt hatte. Es war, als hielte man kühles Glas oder Silber.

Ich kenne das Handlesebuch von Cheiro auswendig. Ich habe Hunderte Hände gelesen. Ich sage Ihnen das, damit Sie wissen, dass ich ihr wirklich Sachen sagte, die ich in den Linien und Hügeln ihrer Hand sah. Aber vor allem sagte ich ihr alles, was Beau mir von ihr erzählt hatte.

Ich schäme mich für den Grund, aus dem ich das tat. Ich war eifersüchtig auf sie. Sie war so umwerfend. Sie tat nicht unbedingt etwas Besonderes, ihr bloßes Wesen warf einen um. Ich wollte sie beeindrucken.

Ich erzählte ihr ihre Lebensgeschichte. Ich erzählte ihr von den schrecklichen Pflegeeltern und wie Paco sie beschützte. Sagte Dinge wie »Ich sehe einen Mann. Einen gut aussehenden Mann. Gefahr. Du bist nicht in Gefahr. Er ist in Gefahr. Ein Rennfahrer oder vielleicht Stierkämpfer?«. Verflucht, sagte sie, niemand weiß von dem Stierkämpfer.

Beau hatte mir gesagt, dass er ihr einmal die Hand auf den

Kopf gelegt und gesagt hatte: »Es wird alles gut ...«, und sie hatte geweint. Ich sagte ihr, dass sie niemals weinen würde, nicht, wenn sie traurig oder wütend sei. Aber wenn jemand wirklich lieb sei und ihr einfach die Hand auf den Kopf legte und sagte, mach dir keine Sorgen, das könne sie zum Weinen bringen ...

Ich werde nicht weitererzählen. Ich schäme mich zu sehr. Aber es hatte genau den Effekt, den ich beabsichtigt hatte. Sie saß da, starrte ihre wunderschönen Hände an und flüsterte: »Du bist eine Hexe. Du bist ein Wunder.«

Wir hatten eine wunderbare Woche. Wir gingen zusammen zu indianischen Tänzen und kletterten im Bandelier-Nationalpark herum und in Acoma Pueblo. Wir saßen in der Höhle, in der die Sandia-Menschen gelebt hatten. Wir wurden durchnässt von den heißen Quellen in der Nähe von Taos und besuchten die Kirche von Santo Nino. An zwei Abenden hatten wir sogar einen Babysitter, sodass Melina und ich in den Club gehen konnten. Die Musik war großartig. »Es waren wunderbare Tage für mich, diese Woche«, sagte ich. Sie lächelte. »Für mich sind alle Tage wunderbar«, sagte sie schlicht.

Das Haus war sehr still, nachdem sie abgereist waren. Ich wachte auf, wie immer, wenn David nach Hause kam. Ich glaube, ich wollte ihm das mit dem Handlesen gestehen, aber ich bin froh, dass ich es nicht tat.

Wir lagen zusammen im Dunkeln im Bett, als er zu mir sagte: »Sie war das.«

»Sie war was?«

»Melina. Sie war die Frau im Gras.«

Blaue Lupinen

»Mama, ich kann's einfach nicht glauben. Du gehst nicht mal einen Abend lang mit jemandem aus, und dann willst du eine ganze Woche mit einem Fremden verbringen. Du weißt doch gar nichts über ihn, er könnte ja auch ein Axtmörder sein.«

Nick, Marias Sohn, brachte sie zum Flughafen von Oakland. Gott, warum hatte sie kein Taxi genommen? Ihre Söhne, mittlerweile alle erwachsen, konnten schlimmer sein als Eltern, noch misstrauischer, noch altmodischer, wenn es um sie ging.

»Ich habe ihn zwar noch nie getroffen, aber ein Fremder ist er nicht. Er mochte meine Gedichte und hat mich gebeten, sein Buch ins Spanische zu übersetzen. Wir schreiben uns schon seit Jahren, telefonieren miteinander. Wir haben viel gemeinsam. Auch er hat vier Söhne allein großgezogen. Ich gärtnere, er hat einen Bauernhof. Seine Einladung schmeichelt mir … Ich glaube nicht, dass er oft Besuch hat.«

Maria hatte sich bei einer alten Freundin in Austin nach Dixon erkundigt. Ein Genie. Total exzentrisch, hatte Ingeborg gesagt. Geht nie unter Leute. Statt eines Portemonnaies hat er einen Jutesack. Seine Studenten finden ihn entweder großartig oder hassen ihn. Er ist Ende vierzig, ziemlich attraktiv. Erzähl mir alles …

»Das war das seltsamste Buch, das ich je gelesen habe«, sagte Nick, »nicht, dass ich es wirklich lesen konnte. Gib's zu … konntest du das? Mit Vergnügen, meine ich.«

»Die Sprache war großartig. Klar und einfach. Gut zu übersetzen. Es ist Philosophie und Linguistik, nur sehr abstrakt.«

»Ich kann mir das nicht vorstellen … dass du einfach so eine Art Affäre hast … in Texas.«

»Das ist es also, was dich beunruhigt. Der Gedanke, dass deine Mutter Sex haben könnte oder dass überhaupt jemand mit fünfzig welchen haben könnte. Na ja, er hat nicht gesagt ›Lass uns eine Affäre haben‹. Er sagte: ›Warum kommst du nicht für eine Woche auf meinen Hof? Die blauen Lupinen haben gerade angefangen zu blühen. Ich kann dir Notizen für mein neues Buch zeigen. Wir können angeln gehen, im Wald spazieren.‹ Mach mal halblang, Nick. Ich arbeite in einem staatlichen Krankenhaus in Oakland. Was meinst du wohl, wie sich das anhört für mich, ein Spaziergang im Wald? Blaue Lupinen? Das ist wie eine Einladung in den Himmel.«

Sie hielten vor dem Flugsteig von United, und Nick holte ihre Tasche aus dem Kofferraum. Er umarmte sie, küsste sie auf die Wange. »Tut mir leid, dass ich dich genervt habe. Gute Reise, Mama. Hey, vielleicht kannst du zu einem Spiel der Rangers gehen.«

Schnee auf den Rocky Mountains. Maria las, hörte Musik, versuchte, an nichts zu denken. Natürlich hatte sie den Gedanken an eine Affäre im Hinterkopf.

Sie hatte sich nicht mehr für jemanden ausgezogen, seit sie aufgehört hatte zu trinken, die Vorstellung machte ihr Angst. Andererseits hörte auch er sich eher bieder an, vielleicht ging es ihm genauso. Nimm jeden Tag so, wie er kommt. Üb einfach, mal wieder mit einem Mann zusammen zu sein, um Gottes willen, genieß den Aufenthalt. Du fliegst nach Texas.

Das Parkhaus roch nach Texas. Kalkstaub und Oleander.

Er warf ihre Tasche auf die Ladefläche eines alten Dodge-Pick-ups, der Kratzer von Hundepfoten an den Türen hatte. »Kennst du *Tennessee Border?*«, fragte Maria. »Klar, kenn ich.« Sie sangen es. »… Picked her up in a pickup truck and she broke that heart of mine.« Dixon war groß, schlank, gute Lachfalten. Falten vom Blinzeln um freundliche graue Augen. Er war völlig entspannt, stellte ihr eine persönliche Frage nach der anderen, in dem gleichen nasalen Südstaatentonfall wie ihr Onkel John. Woher kannte sie Texas, dieses alte Lied? Wieso hatte sie sich scheiden lassen? Wie waren ihre Söhne? Warum trank sie keinen Alkohol? Warum war sie Alkoholikerin? Warum übersetzte sie anderer Leute Texte? Die Fragen waren ihr peinlich, sie schlugen auf sie ein. Aber die Aufmerksamkeit war wohltuend, wie eine Massage.

Er hielt an einem Fischmarkt. Warte, bin gleich zurück. Dann der Freeway und heiße Windböen. Runter auf eine sich hinziehende Schotterstraße, auf der sie kein einziges anderes Auto sahen. Ein langsamer roter Traktor. Windmühlen, Hereford-Rinder knietief in Indianerpinsel. In Brewster, einer kleinen Stadt, parkte Dixon gegenüber dem Marktplatz. Haarschnitt. Sie ging ihm nach, am Friseurschild vorbei und hinein in den Laden, in dem nur ein Stuhl stand. Dort saß sie und hörte zu, wie er sich mit dem alten Mann, der ihm die Haare schnitt, über die Hitze unterhielt, die Niederschläge, übers Fischen, den Präsidentschaftskandidaten Jesse Jackson, mehrere Todesfälle und eine Hochzeit. Dixon hatte sie nur angegrinst, als sie ihn fragte, ob ihre Tasche auf der Ladefläche sicher sei. Sie sah aus dem Fenster ins Stadtzentrum von Brewster. Es war früher Nachmittag, und auf den Straßen war niemand. Zwei alte Männer saßen auf den Stufen des Gerichtsgebäudes wie Statisten in einem Film über den Süden, kauten Tabak, spuckten aus.

Es war die Abwesenheit von Lärm, die ihre Kindheit wachrief, eine andere Epoche. Keine Sirenen, kein Verkehr, keine Radios. Eine Pferdefliege brummte ans Fenster, das Schnippeln der Schere, der Rhythmus der beiden Männerstimmen, ein elektrischer Ventilator mit fliegenden alten Bändchen, das Rascheln alter Magazine. Der Friseur ignorierte sie, nicht aus Grobheit, sondern aus Höflichkeit.

Dixon sagte »Verbindlichsten Dank«, als er fertig war. Als sie über den Marktplatz zum Lebensmittelladen gingen, erzählte sie ihm von ihrer texanischen Großmutter Mamie. Einmal war eine alte Frau zu Besuch vorbeigekommen. Mamie hatte Tee in einer Kanne serviert, zusammen mit einer Zuckerdose und Sahne, kleinen Sandwiches, Keksen und einzelnen Kuchenstücken. »Mercie, Mamie, du solltest dir nicht so viele Umstände machen.« – »O doch«, hatte Mamie gesagt, »das sollte man immer.«

Sie verstauten die Lebensmittel auf der Ladefläche des Pick-ups und fuhren zum Futtermittelladen, wo Dixon Maische und Hühnerfüße kaufte, zwei Heuballen, ein Dutzend Küken. Er lächelte ihr zu, als er sie dabei ertappte, wie sie ihn und zwei Bauern anstarrte, die über Alfalfa redeten.

»Was würdest du jetzt in Oakland tun?«, fragte er, als sie ins Auto stiegen. Heute war Kinderklinik dran. Crackbabys, Schusswunden, Babys mit Aids. Hernien und Tumore, aber vor allem die Verletzungen der verzweifelten und wütenden Armen der Stadt.

Sie waren schnell aus dem Ort heraus und fuhren über eine schmale, unbefestigte Straße. Die Küken in der Schachtel auf dem Boden piepsten.

»Ich wollte, dass du das siehst«, sagte er, »die Straße zu meinem Haus in dieser Jahreszeit.«

Sie fuhren die leere Straße entlang, über sanfte Hügel, die

von üppig wuchernden Blumen dufteten, in Rosa, Blau, Pink, Rot. Explosionen von Gelb und Lavendel. Die heiße, parfümierte Luft hüllte die Fahrerkabine ein. Riesige Gewitterwolken hatten sich gebildet, und das Licht wurde gelb, ließ die Blumen kilometerweit leuchten, in allen Farben des Regenbogens. Lerchen, Lerchenstärlinge und Rotschulterstärlinge schossen über die Gräben neben der Straße hinweg; das Zwitschern der Vögel schwoll an, übertönte das Geräusch des Autos. Maria lehnte sich aus dem Fenster, ihr verschwitzter Kopf ruhte auf den Armen. Es war erst April, aber die schwere texanische Hitze durchdrang sie, das Parfüm der Blumen lullte sie wie eine Droge ein.

Ein altes Bauernhaus mit Blechdach und einem Schaukelstuhl auf der Veranda, etwa ein Dutzend Katzen unterschiedlichen Alters. In der Küche räumten sie die Lebensmittel ein, feine Saroukläufer lagen vor der Spüle und dem Herd, einen weiteren hatten Funken eines Holzofens versengt. Zwei Ledersessel. Bücherregale füllten die Wände, die Bücher zweireihig. Ein massiver Eichenholztisch, bedeckt mit Büchern. Büchersäulen stapelten sich auf dem Boden. Die alten geriffelten Glasfenster gingen auf eine tiefgrüne Weide hinaus, auf der Ziegenkinder bei ihren Müttern tranken. Dixon packte das Essen in den Kühlschrank, setzte die Küken in eine größere Kiste auf dem Boden, in der eine Glühlampe hing, obwohl es so warm war. Sein Hund sei gerade gestorben, sagte er. Und dann wirkte er zum ersten Mal verlegen. Muss wässern, sagte er, und sie folgte ihm, vorbei an den Hühnerställen und den Scheunen zu einem großen Feld, das mit Mais, Tomaten, Bohnen, Kürbis und anderem Gemüse bepflanzt war. Sie saß auf der Umfriedung, während er Schleusentore öffnete, um das Wasser in die Ackerfurchen laufen zu lassen. Weiter unten galoppierten eine Fuchsstute und ein Füllen durch das Feld mit blauen Lupinen.

Es war später Nachmittag, als sie die Tiere neben der Scheune fütterten, in der in einer dunklen Ecke tropfende Stoffsäcke hingen, die mit Käse gefüllt waren, und weitere Katzen über die Dachsparren huschten, uninteressiert an den Vögeln, die zu den oberen Speicherfenstern hinein- und wieder hinausflitzten. Ein altes weißes Maultier namens Homer kam angetrottet, als es das Klirren des Eimers hörte. Leg dich neben mich, sagte Dixon. Aber sie werden auf uns treten. Nein, leg dich einfach hin. Ein Kreis von Ziegen verdeckte die Sonne, ihre langwimprigen Augen starrten auf sie herab. Homers samtige Lippen an Marias Wangen. Die Stute und das Füllen schnaubten, versprühten heißen Atem, als sie Maria begutachteten.

Die anderen Zimmer im Bauernhaus waren ganz und gar nicht so wie die vollgestellte Küche. In einem Zimmer mit Holzdielenboden stand nichts außer einem Steinway-Flügel. Dixons Arbeitszimmer war leer bis auf vier große Holztische, bedeckt mit weißen, postkartengroßen Karten. Auf jeder stand ein Absatz oder ein Satz. Sie sah, dass er die Karten mischte, so wie andere Leute etwas in einem Computer herumschoben. Schau sie dir nicht jetzt an, sagte er.

Sein Wohn- und Schlafzimmer war ein einziger großer Raum mit hohen Fenstern an zwei Seiten. Große, farbenfrohe Gemälde an den anderen beiden Wänden. Maria überraschte es, dass sie von Dixon waren. Er war so still. Die Gemälde waren kühn, verschwenderisch. Er hatte ein Wandbild seines Cordsofas gemalt, auf dem Gestalten saßen. Ein Messingbett mit einer alten Flickendecke, erlesene Truhen, Schreibtische und Tische, Antiquitäten aus den frühen Jahren Amerikas, die seinem Vater gehört hatten. Der Boden dieses Raums war unter noch mehr unbezahlbaren persischen Läufern glänzend weiß gestrichen. Denk dran, deine Schuhe auszuziehen, sagte er.

Ihr Zimmer war eine Glasveranda an der hinteren Seite des Hauses mit Fliegengittern an drei Seiten, Maschennetze aus Plastik, hinter denen die rosa und grünen Blumen, das frische Grün der Bäume, das Aufblitzen eines Kardinals verschwammen. Es war wie der Keller der L'Orangerie, wo man inmitten von Monets Wasserlilien sitzt. Er ließ die Wanne im Nebenraum volllaufen. Du willst dich sicher ein bisschen hinlegen. Ich habe noch ein paar Dinge zu erledigen.

Sauber, müde lag sie umgeben von den weichen Farben, die verliefen, als es zu regnen begann und der Wind die Blätter in den Bäumen herumwirbelte. Regen auf einem Blechdach. Als sie gerade einschlief, kam Dixon herein und legte sich neben sie, lag neben ihr, bis sie aufwachte und sie sich liebten, einfach so.

Dixon machte Feuer im eisernen Ofen, und sie saß davor, während er Krabbengumbo zubereitete. Er kochte auf einer Heizplatte, hatte aber eine Spülmaschine. Sie aßen auf der Veranda bei Laternenlicht, während der Regen nachließ, und als die Wolken verschwanden, machten sie die Laterne aus, um die Sterne anzuschauen.

Jeden Tag um dieselbe Zeit fütterten sie die Tiere, aber ansonsten flossen die Tage und Nächte ineinander. Sie blieben den ganzen Tag im Bett, frühstückten, wenn es dunkel wurde, gingen im Wald bei Mondlicht spazieren. Um drei Uhr morgens schauten sie *Mr. Lucky* mit Cary Grant. Faul schaukelten sie im Ruderboot auf dem Teich in der heißen Sonne, angelten, lasen John Donne, William Blake. Sie lagen im feuchten Gras, sahen den Hühnern zu, redeten über ihre Kindheit, ihre Kinder. Sie sahen Nolan Ryan dabei zu, wie er die Athletics ausschaltete, schliefen in Schlafsäcken an einem See, nachdem sie stundenlang durch den Busch gewandert waren. Sie liebten sich in der Krallenfuß-Badewanne, im Ruderboot, im

Wald, aber meistens im schimmernden Grün der Glasveranda, wenn es regnete.

Was war Liebe?, fragte Maria sich und betrachtete die klaren Linien seines Gesichts, während er schlief. Was hält uns davon ab, es zu tun, zu lieben.

Sie gaben beide zu, wie selten sie mit jemandem redeten, lachten über sich selbst, weil sie auf einmal so viel zu sagen hatten und einander unterbrachen, ja, aber. Es war schwierig, wenn er von seinem neuen Buch sprach oder auf Heidegger und Wittgenstein verwies, Derrida, Chomsky und andere, deren Namen sie nicht einmal kannte.

»Tut mir leid. Ich bin Dichterin. Ich beschäftige mich mit dem Konkreten. Wenn es abstrakt wird, bin ich verloren. Ich habe einfach nicht den Hintergrund, um das mit dir zu diskutieren.«

Dixon war wütend. »Wie zum Teufel hast du dann mein anderes Buch übersetzt? Von den Reaktionen darauf weiß ich, dass du es gut gemacht hast. Hast du das verdammte Ding gelesen?«

»Ich habe es wirklich gut gemacht. Ich habe kein einziges Wort verfälscht. Jemand könnte meine Gedichte perfekt übersetzen und sie trotzdem für zu persönlich und trivial halten. Ich habe die philosophischen Implikationen im Buch nicht … begriffen.«

»Dann ist dieser Besuch eine Farce. Meine Bücher sind alles, was ich bin. Es ist zwecklos, dass wir überhaupt über irgendetwas sprechen.«

Maria fühlte sich verletzt und wütend, sie ließ ihn allein aus der Tür gehen. Aber sie folgte ihm, setzte sich neben ihn auf die Stufen der Veranda. »Es ist nicht zwecklos. Und ich lerne, wer du bist.« Da nahm Dixon sie in den Arm, küsste sie behutsam.

Als Student hatte er in einer Hütte im Wald gewohnt, ein paar Morgen entfernt von hier. Ein alter Mann hatte in diesem Haus gelebt, und Dixon hatte Besorgungen für ihn gemacht, ihm Lebensmittel und Vorräte aus der Stadt mitgebracht. Als der alte Mann starb, hinterließ er Dixon das Haus und zehn Morgen Land, den Rest vermachte er der Stadt für ein Vogelschutzgebiet. Am nächsten Morgen wanderten sie zu seiner alten Hütte. Er hatte sogar das Wasser dorthin tragen müssen, sagte er. Es war die beste Zeit seines Lebens.

Die Holzhütte lag in einem Pappelhain. Kein Weg führte dorthin, und es schien keinerlei Markierungen im Eichengebüsch oder an den Mesquite-Bäumen zu geben. Als sie näher kamen, schrie Dixon auf wie unter Schmerzen.

Jemand, wahrscheinlich Jugendliche, hatte alle Fenster der Hütte zerschossen, hatte das Innere mit Äxten zertrümmert, Obszönitäten auf die blanken Kiefernwände gesprüht. Es war schwer vorstellbar, dass irgendjemand so tief in die Wildnis ging, um so etwas zu tun. Sieht aus wie in Oakland, sagte Maria. Dixon starrte sie an, drehte sich um und ging zurück durch die Bäume. Sie behielt ihn im Blick, konnte aber nicht mit ihm Schritt halten. Es war gespenstisch still. Hin und wieder zeigte sich ein gewaltiger Brahmanbulle im Schatten der Bäume. Stand einfach da, ohne zu blinzeln, stur, reglos.

Auf dem Nachhauseweg redete Dixon nicht. Grüne Grashüpfer klackerten gegen die Windschutzscheibe. »Es tut mir leid, was mit deinem Haus passiert ist«, sagte sie, und als er nicht reagierte, sagte sie: »Ich mache das auch, wenn mir etwas wehtut. Mich unterm Haus verkriechen wie eine kranke Katze.« Er sagte immer noch nichts. Als sie vor seinem Haus hielten, lehnte er sich hinüber und öffnete ihre Tür. Der Motor lief noch. »Ich hole die Post. Bin bald zurück. Vielleicht könntest du was von meinem Buch lesen.«

Sie wusste, dass er mit dem Buch die Hunderte von Karten meinte, die auf seinen Tischen lagen. Wieso hatte er sie jetzt darum gebeten? Vielleicht, weil er nicht in der Lage war, zu reden. Manchmal reagierte sie auch so. Wenn es zu schwierig war, jemandem zu erklären, wie es ihr ging, zeigte sie ihnen ein Gedicht. Gewöhnlich verstanden sie nicht, was sie damit sagen wollte.

Als sie ins Haus ging, war ihr übel. Es wäre in Ordnung, hier zu leben, wo man nicht einmal die Tür schloss. Sie ging in Dixons Wohnzimmer, um ein bisschen Musik zu hören, überlegte es sich aber anders und ging in das Zimmer, wo die Karten lagen. Sie setzte sich auf einen Stuhl, den sie von Tisch zu Tisch schob, während sie wieder und wieder die Sätze auf den Karten las.

»Du hast keine Ahnung, was sie bedeuten, oder?« Er war geräuschlos hereingekommen, stand hinter ihr, während sie über die Karten gebeugt war. Sie hatte keine der Karten angefasst.

Er fing an, sie über den Tisch zu schieben, fieberhaft, wie jemand, der dieses Spiel spielte, bei dem man die Zahlen in die richtige Reihenfolge bringen musste. Maria verließ das Zimmer und ging hinaus auf die Veranda.

»Ich habe dich darum gebeten, auf diesem Boden nicht mit Schuhen herumzulaufen.«

»Welcher Boden? Wovon redest du?«

»Der weiße Boden.«

»Ich war nicht einmal in der Nähe dieses Zimmers. Du bist verrückt.«

»Lüg mich nicht an. Das sind deine Fußabdrücke.«

»Oh, entschuldige, ich habe das Zimmer doch betreten. Ich kann aber nicht mehr als zwei Schritte gemacht haben.«

»Genau. Zwei.«

»Gott sei Dank fahre ich morgen früh nach Hause. Und jetzt werde ich einen Spaziergang machen.«

Maria ging den Weg zum Teich hinunter, stieg ins grüne Ruderboot und stieß sich vom Ufer ab. Sie musste darüber lachen, dass die Libellen sie an die Polizeihubschrauber von Oakland erinnerten.

Dixon kam mit großen Schritten den Weg zum Teich heruntergelaufen, ging ins Wasser und zog sich ins Boot. Er küsste sie, drückte sie nieder ins wässrige Bett des Bootes, während er in sie eindrang. Sie stießen heftig ineinander, und das Boot hüpfte und drehte sich, bis es sich schließlich selbst im Schilf vertäute. Schaukelnd lagen sie in der heißen Sonne. Sie fragte sich, ob so viel Leidenschaft von bloßer Wut oder vom Gefühl des Verlorenseins kam. Wortlos liebten sie sich fast die ganze Nacht auf der Glasveranda im Geräusch des Regens. Ehe es angefangen hatte zu regnen, hatten sie das Heulen eines Kojoten gehört, den Schrei eines der Hühner, die in den Bäumen schliefen.

Schweigend fuhren sie zum Flughafen, meilenweit an blauen Lupinen und Schlüsselblumen vorbei. Setz mich einfach ab, sagte sie, so viel Zeit ist nicht.

Maria nahm ein Taxi vom Flughafen zu ihrer Hochhauswohnung in Oakland. Hallo zum Sicherheitsmann, in den Briefkasten schauen. Der Fahrstuhl war leer, so wie tagsüber auch die Flure leer waren. Als sie die Wohnung betrat, stellte sie den Koffer ab und schaltete die Klimaanlage ein. Sie zog die Schuhe aus wie alle, die über ihren Teppich gingen. Sie ging ins Schlafzimmer und legte sich in ihr eigenes Bett.

Freunde

Loretta lernte Anna und Sam an dem Tag kennen, als sie Sam das Leben rettete.

Anna und Sam waren alt. Sie war achtzig, er war neunundachtzig. Loretta sah Anna manchmal, wenn sie im Pool ihrer Nachbarin Elaine schwimmen ging. Einmal kam sie vorbei, als die beiden Frauen versuchten, den alten Mann davon zu überzeugen, ein paar Züge zu machen. Schließlich ging er in den Pool, paddelte wie ein Hund mit einem großen Grinsen auf dem Gesicht, als er einen Anfall bekam. Die beiden Frauen waren auf der flachen Seite und bemerkten nichts. Loretta sprang hinein, mit Schuhen und allem, zog ihn zu den Stufen und aus dem Pool heraus. Er brauchte nicht wiederbelebt zu werden, aber er war verwirrt und hatte Angst. Er musste eine Medizin einnehmen wegen der Epilepsie, und sie halfen ihm beim Abtrocknen und Anziehen. Eine Weile blieben sie noch gemeinsam sitzen, bis sicher war, dass es ihm gut ging, und er nach Hause laufen konnte, nur die Straße runter. Anna und Sam dankten Loretta immer wieder, dass sie ihm das Leben gerettet hatte, und bestanden darauf, dass sie am nächsten Tag zu ihnen zum Mittagessen kam.

Zufälligerweise musste sie an den folgenden Tagen nicht arbeiten. Sie hatte sich drei Tage unbezahlt freigenommen, weil sie sich um eine ganze Reihe von Dingen kümmern musste.

Bei den beiden zu Mittag zu essen, würde heißen, dass sie den ganzen Weg nach Berkeley aus der Stadt zurückfahren musste und nicht alles wie geplant an einem Tag erledigen konnte.

In Situationen wie diesen war sie oft hilflos. Wenn man sich sagt: Mensch, das ist wirklich das Mindeste, was ich tun kann, sie sind so nett. Wenn du es nicht tust, fühlst du dich schuldig, und wenn du es tust, kommst du dir wie ein Feigling vor.

Ihre schlechte Laune verflog in dem Augenblick, als sie in die Wohnung kam. Sie war sonnig und offen, wie ein altes Haus in Mexiko, wo die beiden die meiste Zeit ihres Lebens verbracht hatten. Anna war Archäologin gewesen und Sam Ingenieur. Sie hatten jeden Tag gemeinsam am Teotihuacán und anderen Ausgrabungsstätten gearbeitet. In ihrer Wohnung gab es herrliche Keramik und Fotografien, eine wundervolle Bibliothek. Unten, im hinteren Hof, befand sich ein großer Gemüsegarten, viele Obstbäume, Beerensträucher. Loretta war überrascht, dass die zwei vogelgleichen, gebrechlichen Leutchen all die Arbeit selbst erledigten. Beide gingen an Stöcken, das Laufen bereitete ihnen große Schwierigkeiten.

Zu Mittag gab es getoastete Käsesandwiches, Chayote-Suppe und Salat aus ihrem Garten. Anna und Sam bereiteten das Essen gemeinsam zu, deckten den Tisch und servierten gemeinsam.

Seit fünfzig Jahren machten sie alles gemeinsam. Wie Zwillinge waren sie ein Echo des jeweils anderen oder beendeten die Sätze, die der andere begonnen hatte. Die Mahlzeit verlief angenehm, sie erzählten ihr, in Stereo, von ihren Erlebnissen während der Arbeit an der Pyramide in Mexiko und bei anderen Ausgrabungen. Loretta war von diesen beiden alten Menschen beeindruckt, von der Liebe zur Musik und zum Gärtnern, die sie teilten, von ihrem Vergnügen aneinander. Sie war überrascht, wie sehr sie sich in regionaler und nationaler Politik engagierten, dass sie zu Demonstrationen und Protestveranstaltungen gingen, an Kongressabgeordnete und Redakteure schrieben, Telefonate führten. Sie studierten täglich drei oder vier Zeitungen, lasen sich abends gegenseitig Romane oder Bücher über Geschichte vor.

Während Sam mit zitternden Händen den Tisch abräumte, sagte Loretta zu Anna, wie beneidenswert es sei, einen so vertrauten Lebenspartner zu haben. Ja, sagte Anna, aber bald wird einer von uns nicht mehr da sein …

Loretta sollte sich viel später an diese Aussage erinnern und sich fragen, ob Anna die Pflege einer Freundschaft zu ihr als eine Art Versicherung betrachtet hatte, für die Zeit, wenn einer von ihnen starb. Aber nein, dachte sie, es war wohl viel einfacher. Die beiden waren einander immer genug gewesen, ihr ganzes Leben lang eigenständig, aber jetzt war Sam oft traumverloren und redete manchmal Unzusammenhängendes. Er erzählte wieder und wieder dieselben Geschichten, und obwohl Anna immer geduldig mit ihm war, spürte Loretta, wie froh sie war, noch jemand anderen zum Reden zu haben.

Was immer der Grund sein mochte, sie merkte, wie sie immer stärker in Sams und Annas Leben einbezogen wurde. Sie fuhren nicht mehr selbst Auto. Oft rief Anna Loretta auf der Arbeit an und bat sie, auf dem Nachhauseweg Fasertorf zu kaufen oder Sam zum Augenarzt zu fahren. Manchmal ging es beiden zu schlecht, um ins Lebensmittelgeschäft zu gehen, dann kaufte Loretta für sie ein. Sie mochte sie beide, bewunderte sie. Da sie sich offenbar so sehr nach Gesellschaft sehnten, fand sie sich etwa einmal die Woche bei ihnen zum Abendessen ein, alle zwei Wochen auf jeden Fall. Einige Male lud sie Anna und Sam zu sich nach Hause zum Essen ein, aber da waren so viele Stufen zu steigen, und die beiden kamen völlig erschöpft an, sodass sie es unterließ. Stattdessen brachte sie Fisch oder Hühnchen oder ein Pastagericht zu ihnen mit. Sie machten einen Salat, servierten Beeren aus dem Garten zum Nachtisch.

Nach dem Essen saßen sie bei einigen Tassen Pfefferminz- oder Jamaica-Tee am Tisch, während Sam Geschichten erzählte. Von damals, als Anna Polio bekam, an einem Grabungsloch tief im Dschungel von Yucatán, wie sie sie ins Krankenhaus brachten, wie nett die Leute waren. Viele Geschichten über das Haus, das sie sich in Xalapa gebaut hatten. Von der Frau des Bürgermeisters und wie sie beim Versuch, einem Besucher zu entgehen, aus dem Fenster kletterte und sich ein Bein brach. Sams Geschichten begannen immer mit »Das erinnert mich an die Zeit …«.

Nach und nach erfuhr Loretta die Einzelheiten ihrer Lebensgeschichte. Wie sie am Mount Tam geflirtet hatten. Wie sie sich in New York ineinander verliebten, als sie noch Kommunisten waren. Das Leben in Sünde. Sie hatten nie geheiratet, das Unkonventionelle daran erfüllte sie immer noch mit Genugtuung. Sie hatten zwei Kinder; beide lebten in fernen Städten. Es gab Geschichten über die Ranch in der Nähe von Big Sur, als die Kinder klein waren. Wenn eine Geschichte zu Ende war, sagte Loretta: »Ich möchte eigentlich noch nicht gehen, aber ich muss morgen sehr früh zur Arbeit.« Oft ging sie dann. Gewöhnlich aber sagte Sam: »Lass mich dir nur noch erzählen, was mit dem Plattenspieler zum Aufziehen passierte.« Stunden später fuhr sie erschöpft zurück zu ihrem Haus in Oakland, sie sagte sich, dass sie so nicht weitermachen konnte. Oder dass sie weitermachen würde, aber nicht, ohne ein Zeitlimit festzulegen.

Es war nicht so, dass sie jemals langweilig oder uninteressant gewesen wären. Im Gegenteil, das Paar hatte ein reiches, erfülltes Leben gehabt, sie waren engagiert und wach. Sie hatten ein lebhaftes Interesse an der Welt, an ihrer eigenen Vergangenheit. Es machte ihnen so viel Spaß, die Äußerungen des anderen zu ergänzen, über Daten oder Details zu diskutieren, dass Loretta es nicht über sich brachte, sie zu unterbrechen und zu gehen. Und es gab ihr ein gutes Gefühl, sie zu besuchen, weil die beiden sich so freuten, sie zu sehen. Nur manchmal, wenn sie zu müde war oder etwas anderes zu tun hatte, wollte sie nicht. Schließlich sagte sie doch einmal, dass sie nicht mehr so lange bleiben könne, dass es schwer sei, am nächsten Morgen aufzustehen. Komm doch am Sonntag zum Brunch, sagte Anna.

Wenn das Wetter es zuließ, aßen sie an einem Tisch auf der Veranda, umgeben von Blumen und Pflanzen. Hunderte Vögel kamen zum Vogelhäuschen direkt neben ihnen. Als es kälter wurde, aßen sie drinnen vor einem gusseisernen Ofen. Sam legte Scheite nach, die er selbst gespalten hatte. Es gab Waffeln oder Sams Spezialomelette, manchmal brachte Loretta Bagels und Räucherlachs mit. Stunden vergingen, der ganze Tag verging über den Geschichten, die Sam erzählte und Anna korrigierte oder ergänzte. In der Sonne auf der Veranda oder in der Wärme des Feuers war es manchmal schwer, wach zu bleiben.

Ihr Haus in Mexiko war aus Beton, aber das Gebälk und die Tresen und Schränke waren aus Zedernholz. Zuerst war das große Zimmer – Küche und Wohnraum – errichtet worden. Sie hatten natürlich Bäume gepflanzt, sogar noch ehe sie mit dem Hausbau begannen. Bananen- und Pflaumenbäume, Jakarandas. Im nächsten Jahr bauten sie ein Schlafzimmer an, einige Jahre später ein weiteres Schlafzimmer und ein Studio für Anna. Die Betten, Arbeitsplatten und Tische waren aus Zedernholz geschreinert. Nach der Arbeit im Gelände, in einem anderen Bundesstaat von Mexiko, kamen sie in ihr kleines Zuhause zurück. Das Haus war immer kühl und roch nach Holz, wie eine große zederne Truhe.

Anna bekam eine Lungenentzündung und musste ins Krankenhaus. So krank sie auch war, sie konnte nur an Sam denken, daran, wie er wohl ohne sie zurechtkommen würde. Loretta versprach ihr, vor der Arbeit vorbeizuschauen und sich darum zu kümmern, dass er seine Medikamente nahm und frühstückte, sie würde ihm nach der Arbeit Abendessen machen und ihn ins Krankenhaus mitbringen, sodass er sie besuchen konnte.

Das Schreckliche war, dass Sam nicht redete. Er saß zitternd am Bettrand, wenn Loretta ihm beim Anziehen half. Mechanisch nahm er seine Tabletten und trank Ananassaft, wischte sich sorgfältig das Kinn ab, wenn er mit dem Frühstück fertig war. Wenn sie abends kam, stand er auf der Veranda und wartete auf sie. Er wollte zuerst zu Anna fahren und dann zu Abend essen. Als sie ins Krankenhaus kamen, lag Anna blass im Bett, ihre langen weißen Zöpfe hingen herunter wie die eines kleinen Mädchens. Sie hing am Tropf, hatte einen Katheter, Sauerstoff. Sie redete nicht, aber sie lächelte und hielt Sams Hand, während er ihr erzählte, dass er eine Ladung Wäsche gewaschen, die Tomaten gewässert, die Bohnen gemulcht, Geschirr abgewaschen und Limonade gemacht hatte. Er redete auf sie ein, atemlos, erzählte ihr jede Stunde seines Tages. Als sie gingen, musste Loretta ihn festhalten, er stolperte und schwankte beim Laufen. Im Auto nach Hause weinte er vor lauter Sorge. Aber Anna kam wieder nach Hause, und es ging ihr gut, abgesehen davon, dass es im Garten so viel zu tun gab. Am nächsten Sonntag half Loretta nach dem Brunch beim Jäten des Gartens und dem Verschneiden der Schwarzen-Johannisbeer-Ranken. Loretta machte sich Sorgen, was, wenn

Anna richtig krank wurde? Worauf musste sie sich bei dieser Freundschaft gefasst machen? Die gegenseitige Abhängigkeit des Ehepaars, ihre Verletzlichkeit betrübte und berührte sie. Diese Gedanken gingen ihr bei der Arbeit durch den Kopf, aber es war schön, die kühle schwarze Erde, die Sonne auf dem Rücken. Sam, der seine Geschichten erzählte, während er die Nachbarreihe jätete.

Als Loretta das nächste Mal sonntags zu ihnen kam, war sie verspätet. Sie war früh aufgestanden, es hatte viel zu tun gegeben. Sie wollte eigentlich zu Hause bleiben, brachte es aber nicht über sich, anzurufen und abzusagen.

Die Haustür war nicht aufgeklinkt wie sonst, also ging sie zur Hintertreppe im Garten. Sie ging in den Garten hinein, um sich umzuschauen, üppig wuchsen Tomaten, Kürbisse, Zuckererbsen. Trunkene Bienen. Anna und Sam waren draußen auf der oberen Veranda. Loretta wollte zu ihnen hinaufrufen, aber sie unterhielten sich eifrig.

»Sie war noch nie zu spät. Vielleicht kommt sie nicht.«

»Oh, sie wird schon kommen … diese Vormittage bedeuten ihr so viel.«

»Armes Ding. Sie ist so einsam. Sie braucht uns. Wir sind wirklich ihre einzige Familie.«

»Auf jeden Fall mag sie meine Geschichten. Verflixt. Mir fällt keine einzige ein, die ich ihr heute erzählen könnte.«

»Irgendwas wird dir schon in den Sinn kommen …«

»Hallo!«, rief Loretta. »Jemand zu Hause?«

Teenage Punk

In den Sechzigerjahren kam Jesse oft zu uns, um sich mit Ben zu treffen. Sie waren damals noch Kinder, lange Haare, Stroboskoplicht, Gras und LSD. Jesse hatte die Schule schon geschmissen, hatte einen Bewährungshelfer. Die Rolling Stones kamen nach New Mexico. Die Doors. Ben und Jesse hatten geweint, als Jimi Hendrix gestorben war, als Janis Joplin gestorben war. Es war wieder so ein Jahr mit heftigem Wetter. Schnee. Gefrorene Leitungen. Alle weinten in diesem Jahr.

Wir lebten in einem alten Bauernhaus unten am Fluss. Marty und ich waren gerade geschieden, es war mein erstes Jahr als Lehrerin, mein erster Job. Es war schwierig, sich allein um das Haus zu kümmern. Leckes Dach, uralte Pumpe, aber es war ein großes, wunderschönes Haus.

Ben und Jesse spielten laute Musik, brannten lila Räucherstäbchen ab, die nach Katzenpisse rochen. Meine anderen Söhne Keith und Nathan konnten Jesse nicht ausstehen – ein Hippiejunkie –, aber Joel, der Kleine, bewunderte ihn, seine Stiefel, seine Gitarre, sein Luftgewehr. Schießübungen mit Bierbüchsen im Hof. Pling.

Es war März und richtig kalt. Am nächsten Morgen würden die Kraniche im Morgengrauen am Klarwassergraben sein. Der neue Kinderarzt hatte mir von ihnen erzählt. Er ist ein guter Arzt und alleinstehend, aber ich vermisse immer noch den guten alten Dr. Bass. Als Ben ein Baby war, rief ich ihn an, um zu fragen, wie viele Windeln ich auf einmal waschen sollte. Eine, sagte er.

Keines der Kinder wollte mitkommen. Ich zog mich zitternd an. Entzündete ein Pinienholz-Feuer, füllte eine Thermoskanne mit Kaffee. Bereitete den Teig für Eierkuchen vor, fütterte die Hunde und Katzen und Rosie, die Ziege. Hatten wir damals ein Pferd? Wenn, dann vergaß ich, es zu füttern. Im Dunkeln trat Jesse von hinten auf mich zu, am Stacheldraht auf der frostweißen Straße.

»Ich möchte die Kraniche sehen.«

Ich gab ihm die Taschenlampe, ich glaube, ich gab ihm auch die Thermosflasche. Er beleuchtete alles außer der Straße, und ich nervte ihn deswegen. Komm schon. Hör auf damit.

»Du siehst doch was. Du gehst immer weiter. Also kennst du offenbar die Straße.«

Das stimmte. Die wackeligen Lichtbogen strichen über Vogelnester in blassen winterlichen Pappeln, Kürbisse in den Feldern, die Gus gehörten, die prähistorischen Silhouetten seiner Brahmanbullen. Ihre achatfarbenen Augen öffneten sich, reflektierten eine Nadelspitze blendender Helligkeit, schlossen sich wieder.

Auf dem Balken überquerten wir den langsam fließenden dunklen Abwassergraben zum Klarwassergraben, wo wir uns auf den Bauch legten, still wie Guerillakämpfer. Ich weiß, ich romantisiere alles. Es stimmt aber, dass wir dort lange frierend im Nebel lagen. Es war kein Nebel. Muss der Dunst vom Wassergraben gewesen sein oder nur der Dampf aus unseren Mündern.

Nach langem Warten kamen die Kraniche. Hunderte von ihnen, als der Himmel gerade begann, blaugrau zu werden. Sie landeten in Zeitlupe auf zerbrechlichen Beinen. Wuschen sich, putzten sich am Ufer. Alles war auf einmal schwarz und weiß und grau, ein flackernder Film, nachdem der Abspann vorbei ist.

Als die Kraniche flussaufwärts tranken, teilte sich das silberne Wasser unter ihnen in Dutzende dünne Streifen. Dann verschwanden die Vögel plötzlich ins Weiße mit dem Geräusch von Karten, die gemischt werden.

Wir lagen da und tranken Kaffee, bis es hell war und die Krähen kamen. Linkische, lärmende Krähen, die der Anmut der Kraniche trotzten. Sie warfen schwarze Zickzacks aufs Wasser, Pappeläste federten wie Trampoline. Die Sonne war zu spüren.

Auf dem Rückweg war die Straße hell, aber er ließ die Taschenlampe an. Schalt sie aus, mach schon! Er ignorierte mich, also nahm ich sie ihm weg. Wir liefen mit seinen großen Schritten in den Traktorspuren.

»Verdammt«, sagte er. »Das war beängstigend.«

»Sehr. So schrecklich wie Heerscharen. Das ist aus der Bibel.«

»Ach ja, Frau Lehrerin?« Er ließ sich damals schon nichts sagen.

Lass mich dein Lächeln sehen

Es stimmt, das Grab ist mächtiger als die Augen der Geliebten. Ein offenes Grab, mit all seinen Magneten. Und das sage ich dir, die du mich, wenn du lächelst, an den Anbeginn der Welt denken lässt.

Vincente Huidobro, *Altazor*

Jesse brachte mich völlig aus dem Konzept. Und ich bin stolz auf meine Fähigkeit, Menschen einschätzen zu können. Bevor ich bei der Kanzlei Brillig anfing, war ich so lange Pflichtverteidiger, dass ich lernte, einen Klienten oder einen Geschworenen auf den ersten Blick zu beurteilen.

Ich war außerdem unvorbereitet, weil meine Sekretärin ihn nicht über die Sprechanlage ankündigte und er keinen Termin hatte. Elena führte ihn einfach in mein Büro.

»Jesse ist hier, er möchte Sie sprechen, Mr. Cohen.«

Wie Elena ihn vorstellte, wirkte wichtigtuerisch, weil sie nur seinen Vornamen nannte. Er sah gut aus und betrat das Zimmer mit einer solchen Autorität, dass ich dachte, er wäre irgendein Rockstar mit einem einzigen Namen, von dem ich nur noch nie gehört hatte.

Er trug Cowboystiefel und schwarze Jeans, ein schwarzes Seidenhemd. Er hatte langes Haar, ein ausgeprägtes, zerfurchtes Gesicht. Um die dreißig, war meine erste Vermutung, aber als er mir die Hand schüttelte, war in seinem Lächeln eine unbeschreibliche Anmut, eine Offenheit in seinen nussbraunen Augen, die unschuldig und kindlich wirkte. Seine kratzende, tiefe Stimme brachte mich noch mehr durcheinander. Er redete, als würde er einer jungen, unerfahrenen Person geduldig etwas erklären. Mir.

Er sagte, er habe zehntausend Dollar geerbt und wolle mich für diese Summe engagieren. Die Frau, mit der er zusammenlebte, stecke in Schwierigkeiten, sagte er, und würde in zwei Monaten vor Gericht stehen. Die Anklage umfasse zehn Punkte.

Ich mochte ihm nur ungern erklären, wie lange sein Geld bei mir reichen würde.

»Hat sie denn keinen Pflichtverteidiger?«, fragte ich.

»Hatte sie, aber das Arschloch hat aufgegeben. Er war der Ansicht, sie wäre ein schlechter Mensch und schuldig, eine Perverse.«

»Und was lässt Sie glauben, dass ich nicht ebenso denken werde?«, fragte ich.

»Das werden Sie nicht. Sie meint, Sie seien der beste Zivilrechtsanwalt in der ganzen Stadt. Die Abmachung lautet, sie darf nicht wissen, dass ich hier bin. Ich möchte, dass sie denkt, Sie würden das freiwillig tun. Weil es Ihnen um die Sache geht. Das ist meine einzige Bedingung.«

An dieser Stelle versuchte ich, ihn zu unterbrechen, ihm zu sagen: »Vergiss es, mein Sohn.« Ihm sehr bestimmt mitzuteilen, dass ich den Fall nicht übernehmen würde. Keine Frage, er konnte es sich nicht leisten, mich zu engagieren. Ich wollte mit seinem Fall nichts zu tun haben. Ich konnte nicht glauben, dass dieser arme Junge gewillt war, all sein Geld für sie auszugeben. Ich hasste die Frau jetzt schon. Natürlich war sie schuldig und ein schlechter Mensch!

Er sagte, das Problem sei der Polizeibericht, den der Richter und die Geschworenen zu lesen bekämen. Sie würden sie vorverurteilen, weil er gefälscht und voller Lügen sei. Er dachte, ich könnte sie freibekommen, indem ich zeigte, dass seine Verhaftung unbegründet gewesen war, der Bericht von ihrer Verhaftung verleumderisch, der Polizist, den sie geschlagen hatte, brutal, der Polizist, der die Festnahme vorgenommen hatte, psychisch gestört, und das Beweismaterial offenkundig gefälscht. Er war überzeugt, ich würde herausfinden, dass die beiden weitere unbegründete Festnahmen vorgenommen und eine gewalttätige Vergangenheit hatten.

Er hatte noch mehr dazu zu sagen, wie ich in diesem Fall vorgehen sollte. Ich weiß nicht, warum ich nicht explodiert bin, warum ich ihn nicht zum Teufel geschickt habe. Er argumentierte leidenschaftlich und gut. Er hätte Anwalt werden können.

Nicht nur, dass ich ihn einfach mochte. Ich fing sogar an zu verstehen, dass das Vorhaben, sein gesamtes Erbe auszugeben, ein notwendiger Ritus des Erwachsenwerdens war. Eine heldenhafte, edle Geste.

Es war, als ob Jesse einer anderen Epoche angehörte, von einem anderen Planeten stammte. An einer Stelle sagte er sogar, dass die Frau ihn den Mann-der-auf-die-Erde-fiel nannte. Das machte sie mir irgendwie sympathischer.

Ich sagte Elena, sie solle eine Besprechung und einen Termin absagen. Er sprach den ganzen Vormittag über ihre Beziehung, ihre Festnahme, einfach und klar.

Ich bin ein Verteidiger. Ich bin zynisch. Ich bin ein besitzorientierter Mensch, ein habgieriger Mann. Ich sagte ihm, ich würde den Fall kostenlos übernehmen.

»Nein danke«, sagte er. »Aber bitte sagen Sie ihr, dass Sie es umsonst machen. Es ist meine Schuld, dass sie in diese

Schwierigkeiten geraten ist, und ich möchte dafür bezahlen. Wie viel wird es kosten? Fünftausend? Mehr?«

»Zweitausend«, sagte ich.

»Ich weiß, dass das zu wenig ist. Wie wäre es mit drei?«

»Abgemacht«, sagte ich.

Er zog einen seiner Stiefel aus und zählte dreißig warme Hundertdollarscheine ab, fächerte sie auf meinem Schreibtisch wie Spielkarten auf. Wir gaben uns die Hand.

»Danke, dass Sie das machen, Mr. Cohen.«

»Klar. Sagen Sie Jon zu mir.«

Er setzte sich wieder hin und erzählte mir die Einzelheiten.

Er und sein Freund Joe waren Ausreißer, waren letztes Jahr aus New Mexico abgehauen. Jesse spielte Gitarre, wollte in San Francisco spielen. An seinem achtzehnten Geburtstag sollte er Geld von einer alten Frau in Nebraska erben (noch so eine herzerweichende Geschichte). Er hatte vorgehabt, nach London zu gehen, eine Band hatte ihn eingeladen, bei ihnen Mitglied zu werden. Eine englische Gruppe hatte in Albuquerque gespielt, seine Lieder und sein Gitarrenspiel hatten ihnen gefallen. Als er und Joe in die Gegend von San Francisco kamen, wussten sie nicht, wo sie wohnen sollten. Also tauchte er bei Ben auf, der in der Mittelstufe sein bester Freund gewesen war. Bens Mutter wusste nicht, dass sie Ausreißer waren. Sie sagte, es sei in Ordnung, wenn sie eine Weile in der Garage übernachteten. Später fand sie es heraus und rief ihre Eltern an, beruhigte sie, sagte ihnen, es ginge den Jungen gut.

Es ging alles gut. Er und Joe machten Gartenarbeit und Möbeltransporte und diverse andere Jobs. Jesse spielte mit anderen Musikern zusammen, schrieb Lieder. Sie verstanden sich großartig mit Ben und seiner Mutter Carlotta. Sie freute sich, dass Jesse mit ihrem jüngsten Sohn Saul so viel Zeit verbrachte, ihn zum Baseball, zum Angeln und zum Klettern in den Tildenpark mitnahm. Sie unterrichtete an einer Schule und arbeitete hart, war auch froh, wenn man ihr mit der Wäsche half, beim Tragen der Lebensmittel und beim Abwasch. Jedenfalls war es für alle ein gutes Arrangement.

»Ich hatte Maggie etwa drei Jahre zuvor kennengelernt. Sie bestellten sie an unsere Schule in Albuquerque. Jemand hatte beim Mittagessen LSD in Bens Milch getan. Er drehte völlig durch, wusste nicht, was los war. Sie kam, um ihn abzuholen. Joe und ich sollten sie begleiten, für den Fall, dass er gewalttätig wurde. Ich dachte, sie würde ihn ins Krankenhaus bringen, aber sie fuhr mit uns zum Fluss hinunter. Wir saßen im Schilf, sahen den Rotschulterstärlingen zu, beruhigten ihn und trugen im Grunde dazu bei, dass er einen ziemlich coolen Trip hatte. Maggie und ich mochten uns, sprachen über die Vögel und den Fluss. Normalerweise rede ich nicht viel, aber mit ihr gibt es immer eine Menge, was ich loswerden muss.«

An dieser Stelle schaltete ich ein Aufnahmegerät ein.

»Wir blieben also einen Monat in ihrem Haus in Berkeley, dann noch einen Monat. Abends saßen wir alle am Kamin und redeten, erzählten uns Witze. Joe hatte zu dieser Zeit eine Freundin und Ben auch, also gingen sie aus. Ben war noch in der Oberstufe, er verkaufte seinen Schmuck und Fotos von Rockstars an den *Telegraph,* sodass ich ihn nicht oft sah. An den Wochenenden ging ich mit Saul und Maggie zum Hafen oder an den Strand.«

»Entschuldigen Sie. Sie sagten, ihr Name sei Carlotta. Wer ist Maggie?«

»Ich nenne sie Maggie. Nachts korrigierte sie Klassenarbeiten, und ich spielte Gitarre. Manchmal redeten wir die ganze Nacht durch, erzählten uns unsere Lebensgeschichten, lachten, weinten. Wir sind beide Alkoholiker, was einerseits schlimm ist, aber anders betrachtet auch gut, weil es uns beiden half, einander Dinge zu erzählen, die wir nie zuvor jemandem erzählt hatten. Wir hatten beide eine Kindheit gehabt, die auf die gleiche Weise schrecklich und schlimm gewesen war, aber so, als wäre die eine jeweils das Negativ der anderen. Als wir ein Paar wurden, rasteten ihre Kinder aus, ihre Freunde sagten, das sei krank, inzestuös. Wir sind tatsächlich inzestuös, aber auf eine merkwürdige Weise. Es ist, als wären wir Zwillinge. Dieselbe Person. Sie schreibt Geschichten. Sie macht in ihren Geschichten das, was ich in meiner Musik mache. Jedenfalls lernten wir uns jeden Tag noch besser kennen, sodass es, als wir schließlich im Bett landeten, so war, als wären wir bereits ineinander eingedrungen. Wir waren zwei Monate lang ein Paar, dann sollte ich weggehen. Der Plan war, dass ich mein Geld am 28. Dezember, meinem achtzehnten Geburtstag, in Albuquerque bekommen und dann nach London gehen sollte. Sie wollte, dass ich ging, sagte, ich bräuchte diese Erfahrung, und wir müssten uns trennen.

Ich wollte nicht nach London. Mag sein, dass ich jung bin, aber ich weiß, dass das, was sie und ich haben, Galaxien entfernt ist von dem, was normale Menschen haben. Wir kennen einander bis in die Tiefen unserer Seelen, all das Schlimme und das Gute. Wir empfinden Güte füreinander.«

Dann erzählte er mir, wie er mit ihr und Joe zum Flughafen gefahren war. Bei der Sicherheitskontrolle hatten Joes Messer am Gürtel und die Reißverschlüsse die Alarmanlagen ausgelöst, alle drei waren abgetastet und durchsucht worden, und Jesse hatte das Flugzeug verpasst. Er brüllte herum wegen der Gitarre und seiner Musik, die im Flugzeug waren, ihm wurden Handschellen angelegt, und die Polizisten schlugen ihn, als Maggie hereinkam.

»Wir wurden alle verhaftet. Das steht im Bericht«, sagte er. »Die Schlagzeile in der Zeitung lautete: ›Lehrerin einer Lutherischen Schule und Hells Angels in Flughafenschlägerei‹.«

»Sind Sie ein Hells Angel?«

»Natürlich nicht. Aber der Bericht behauptet das. Joe sieht aus wie einer, er wäre gern einer. Er hat bestimmt zehn Exemplare der Zeitung gekauft. Jedenfalls kamen sie und Joe ins Gefängnis von Redwood City. Ich verbrachte eine Nacht im Jugendgefängnis, dann schickten sie mich nach New Mexico. Maggie rief mich an meinem Geburtstag an und sagte, alles wäre in Ordnung. Sie sagte nichts von einem Gerichtsverfahren, und sie sagte nicht, dass sie aus dem Haus geworfen und gefeuert worden war, dass ihr Exmann die Kinder mit nach Mexiko genommen hatte. Aber Joe sagte es mir, obwohl sie es ihm verboten hatte. Also bin ich hierher zurückgekommen.«

»Was hielt sie davon?«

»Sie war wütend. Sagte, ich solle verschwinden und nach London gehen. Dass ich lernen und erwachsen werden müsse. Und sie glaubte den ganzen Scheiß von wegen, sie sei schlecht, weil ich siebzehn war, als wir ein Paar wurden. Ich habe sie verführt. Niemand scheint diesen Teil der Geschichte zu verstehen, außer ihr. Ich bin kein typischer Jugendlicher.«

»Stimmt«, sagte ich.

»Aber jedenfalls sind wir jetzt zusammen. Sie war einverstanden, bis nach dem Gerichtsverfahren keine Entscheidungen zu treffen. Keine Arbeit oder Wohnung zu suchen. Ich hoffe, dass sie danach mit mir weggeht.«

Er gab mir den Polizeibericht. »Das Beste wäre, Sie lesen den Bericht, und dann reden wir. Kommen Sie zum Abendessen vorbei. Ist Freitag okay? Nachdem Sie das gelesen haben. Vielleicht finden Sie etwas über den Polizisten heraus.

Beide Polizisten. Kommen Sie zeitig«, sagte er, »gleich nach der Arbeit. Wir wohnen um die Ecke.«

Nichts war mehr wie zuvor. Ich konnte nicht sagen, dass es mir nicht passte. Dass ich Pläne hatte. Dass meine Frau etwas dagegen haben könnte.

»Sicher, ich werde um sechs Uhr da sein.« Die Adresse, die er mir gab, befand sich in einer der schlimmsten Gegenden der Stadt.

Weihnachten war wunderschön. Reizende Geschenke, ein großartiges Essen. Keith hatte Karen eingeladen, eine meiner Schülerinnen. Wahrscheinlich ist es kindisch, aber es freute mich für ihn, zu sehen, wie sehr sie zu mir aufschaute. Bens Freundin Megan machte Mince Pies. Beide halfen mir bei der Vorbereitung des Essens, und es machte Spaß. Unser Freund Larry kam. Großes Feuer, schöner, altmodischer Tag.

Nathan und Keith waren so froh, dass Jesse uns verlassen würde, dass sie wirklich nett zu ihm waren, ihm sogar etwas schenkten. Jesse hatte Geschenke für alle besorgt. Es war warm und festlich, außer dann in der Küche, als Jesse flüsterte: »Hey, Maggie, was wirst du tun, wenn ich weg bin?«, und mir brach es fast das Herz. Er gab mir einen Ring mit einem Stern und einem Mond. Zufälligerweise schenkten wir jeder dem anderen einen silbernen Flachmann. Wir fanden das großartig. Nathan sagte: »Mama, das ist so geschmacklos«, aber damals hörte ich ihn nicht.

Jesses Flugzeug ging um sechs. Joe wollte mitkommen. Ich fuhr uns im Regen zum Flughafen. *The Joker* und *Jumpin' Jack Flash* liefen im Radio. Joe trank Bier aus einer Dose, und Jesse und ich teilten uns eine große Flasche Jim Beam. Ich verschwendete keinen Gedanken daran, dass ich zu ihrer Gesetzesübertretung beitrug. Sie tranken schon, als ich sie kennenlernte. Sie kauften Schnaps, mussten nie ihren Ausweis zeigen. In Wirklichkeit verleugnete ich meine eigene Alkoholabhängigkeit dermaßen, dass ich überhaupt nicht auf die Idee kam, mir wegen ihres Trinkens Sorgen zu machen.

Als wir das Flughafengebäude betraten, blieb Jesse stehen und sagte: »Verdammt. Ihr beide werdet das Auto nie wiederfinden.« Wir lachten, ohne uns darüber klar zu sein, dass es stimmte.

Wir waren nicht wirklich betrunken, aber wir waren high und aufgeregt. Ich versuchte, nicht zu zeigen, wie verzweifelt ich war, weil er wegging.

Jetzt ist mir klar, wie sehr wir aufgefallen sein müssen. Wir. Alle sehr groß. Joe, ein dunkler Laguna-Indianer mit langen schwarzen Zöpfen, in Motorradleder, ein Messer am Gürtel. Große Stiefel, Reißverschlüsse und Ketten. Jesse in Schwarz, mit seinem Seesack und der Gitarre. Jesse. Wie aus einer anderen Welt. Ich konnte ihm nicht mal einen kurzen Blick zuwerfen, sein Kinn, seine Zähne, seine goldenen Augen, fließendes langes Haar. Ich hätte geweint, wenn ich ihn angeschaut hätte. Ich trug, weil Weihnachten war, einen Hosenanzug aus schwarzem Samt, mit Navajo-Schmuck. Was immer es war, wir alle zusammen, dazu der ganze Alarm, den Joes Metall ausgelöst hatte, als wir durch die Sicherheitskontrolle gingen … sie sahen uns als Sicherheitsrisiko, brachten uns in getrennte Räume und durchsuchten uns. Sie tasteten meine Unterwäsche ab, meine Handtasche, fuhren mir mit den Fingern durch die Haare, zwischen die Zehen. Überallhin. Als ich wieder herauskam, sah ich Jesse nirgendwo, also rannte ich zum Abfluggate. Jesses Flug war bereits abgefertigt. Er schrie den Mann vom Bodenpersonal an, dass seine Gitarre im Flugzeug sei, seine Musik. Ich musste auf die Toilette. Als ich wiederkam, war niemand mehr am Schalter. Das Flugzeug war weg. Ich fragte jemanden, ob der große junge Mann in Schwarz den Flug erwischt habe. Der Mann nickte zu einer Tür, an der kein Schild stand. Ich ging hinein.

Der Raum war voller Sicherheitsbeamter und Polizisten. Stechende Luft, es roch nach Schweiß. Zwei Beamte bändigten Joe, der Handschellen trug. Zwei Polizisten hielten Jesse fest, und ein anderer schlug ihm mit einer meterlangen Taschenlampe auf den Kopf. Blut lief Jesse übers Gesicht, durchweichte sein Shirt. Er schrie vor Schmerz. Ich ging vollkommen unbemerkt durch den Raum. Alle schauten dem Polizisten zu, der Jesse schlug, als würden sie einen Kampf im Fernsehen anschauen. Ich packte die Taschenlampe und schlug dem Polizisten damit auf den Kopf. Er fiel mit einem Plauz zu Boden. »O Scheiße, er ist tot«, sagte ein anderer.

Jesse und mir wurden Handschellen angelegt, und dann führte man uns durch den Flughafen hinunter zu einer kleinen Polizeistation im Keller. Wir saßen nebeneinander, die Hände hinter uns an den Stühlen festgebunden. Jesses Augen waren völlig blutverklebt. Er konnte nichts sehen, und die Wunde auf seinem Schädel blutete weiter. Ich flehte sie an, die Wunde zu säubern oder zu verbinden. Ihm die Augen zu waschen. Sie werden euch im Redwood-City-Gefängnis sauber machen, sagte der Wachhabende.

»Scheiße, Randy, der Typ ist minderjährig! Jemand muss ihn über die Brücke bringen.«

»Ein Minderjähriger? Diese Schlampe ist echt in Schwierigkeiten. Ich fahr ihn nicht. Meine Schicht ist fast um.«

Er kam zu mir herüber. »Der Gesetzeshüter, den du geschlagen hast? Sie haben ihn auf die Intensivstation gebracht. Kann sein, dass er stirbt.«

»Bitte. Könnten Sie seine Augen waschen?«

»Scheiß auf seine Augen.«

»Lehn dich ein bisschen vor, Jesse.«

Ich leckte ihm das Blut von den Augen. Es dauerte lange; das Blut war dick verkrustet, klebte an seinen Wimpern. Ich musste ständig ausspucken. Inmitten der rostroten Farbe glühten seine Augen bernsteinfarben.

»Hey, Maggie, lass mich dein Lächeln sehen.«

Wir küssten uns. Der Wächter zog meinen Kopf weg und schlug mich. »Dreckige Schlampe«, sagte er. In dem Moment gab es großes Geschrei, und Joe wurde zu uns hereingestoßen. Sie hatten ihn verhaftet, weil er obszöne Ausdrücke vor Frauen und Kindern benutzt hatte. Er war wütend geworden, als man ihm nicht sagen wollte, was sie mit uns gemacht hatten.

»Der hier ist alt genug für Redwood City.«

Weil seine Arme mit Handschellen auf den Rücken gefesselt waren, konnte er uns nicht umarmen, also küsste er uns beide. Soweit ich mich erinnern kann, hatte er zuvor noch nie einen von uns auf die Lippen geküsst. Später sagte er, es lag an unseren Mündern, die so blutig waren, dass es ihn traurig machte. Die Polizisten nannten mich wieder eine Perverse, die kleine Jungs verführte.

Damals war ich abgestoßen. Ich kapierte es nicht, verstand nicht, was alle in mir sahen. Ich hatte keine Ahnung, dass sich meine Anklagepunkte summierten. Einer der Polizisten las sie mir vom Schalter auf der anderen Seite des Zimmers aus vor. »Betrunken in der Öffentlichkeit, Behinderung der Festnahme, Beleidigung eines Polizeibeamten, Angriff mit einer tödlichen Waffe, versuchter Mord, Widerstand gegen die Staatsgewalt, unzüchtiges und laszives Verhalten, sexuelle Akte mit einem Minderjährigen (Lecken seiner Augen), Beihilfe zur Straffälligkeit von Minderjährigen, Besitz von Marihuana.«

»Hey, das auf keinen Fall!«, sagte Joe.

»Sagt nichts«, flüsterte Jesse. »Das wird für uns sprechen.

Das müssen sie ihr untergeschoben haben. Wir sind alle gerade erst durchsucht worden, oder nicht?«

»Scheiße, ja«, sagte Joe. »Außerdem hätten wir es geraucht, wenn wir welches gehabt hätten.«

Sie nahmen Jesse mit. Mich und Joe setzten sie auf den Rücksitz eines Streifenwagens. Wir fuhren ewig lange zum Redwood-City-Gefängnis. Ich konnte nur daran denken, dass Jesse fort war. Ich nahm an, sie würden ihn nach Albuquerque bringen, und dann würde er nach London gehen.

Zwei fiese Polizistenbutches nahmen eine Vaginal- und Rektaluntersuchung vor, verpassten mir eine kalte Dusche. Sie wuschen mir die Haare mit Lauge, die mir in die Augen kam. Dann ließen sie mich ohne Handtuch oder Kamm allein. Alles, was sie mir zum Anziehen gaben, waren ein kurzer Kittel und Tennisschuhe. Ich hatte ein blaues Auge und eine geschwollene Lippe, was von dem Schlag kam, den sie mir versetzt hatten, als sie mir die Taschenlampe wegnahmen. Der Polizist, der mich in den Keller gebracht hatte, hatte an den Handschellen gedreht, sodass ich offene blutige Schnitte an beiden Handgelenken hatte wie ein dämlicher Selbstmörder.

Sie nahmen mir meine Zigaretten weg. Die beiden Huren und der Alki, die mit mir in der Zelle waren, gaben mir wenigstens ihre letzten nassen Kippen. Keiner von uns schlief oder redete. Ich zitterte die ganze Nacht vor Kälte und weil ich etwas zu trinken brauchte.

Am nächsten Morgen wurden wir in einem Bus zum Gerichtsgebäude gefahren. Ich sprach durch ein Fenster über Telefon mit einem dicken, rotgesichtigen Anwalt, der mir den Bericht vorlas. Der Bericht war von vorn bis hinten verdreht und falsch.

»Information über drei verdächtige Personen in Flughafenhalle. Frau mit zwei Hells Angels, einer davon Indianer. Alle bewaffnet und potenziell gefährlich.« Ich sagte ihm mehrmals, dass das, was im Bericht stand, komplett gelogen war. Der Anwalt ignorierte mich, hörte nicht auf, mich zu fragen, ob ich das Kind bumsen würde.

»Ja!«, sagte ich schließlich. »Aber das ist so ungefähr das Einzige, was da nicht auf der Liste steht!«

»Es stünde dort, wenn ich den Bericht geschrieben hätte. Unzucht mit Minderjährigen.«

Ich war so müde, dass ich anfing zu kichern, was ihn noch wütender machte. Unzucht mit Minderjährigen.

»Sie sind pervers«, sagte er. »Sie sind wegen sexueller Handlungen mit Minderjährigen in der Öffentlichkeit angeklagt.«

Ich sagte ihm, dass ich versucht hatte, das Blut aus Jesses Augen zu bekommen, damit er etwas sehen konnte.

»Sie haben es ihm wirklich abgeleckt?«, höhnte er.

Welche Hölle das Gefängnis sein muss! Ich konnte nur zu gut verstehen, dass Gefängnisinsassen dort lediglich lernten, noch schlechtere Menschen zu sein. Ich hätte den Mann am liebsten umgebracht. Ich fragte ihn, wie es jetzt weiterginge. Er sagte, ich würde angeklagt und ein Gerichtstermin würde festgelegt. Ich würde hereingeführt werden, für unschuldig plädieren, hoffen, dass wir einen halbwegs milden Richter bekämen. In dieser Stadt Geschworene zu finden, sei auch ein Problem. Hier draußen lebten vor allem religiöse Leute, extrem Konservative, die Drogen und sexuelle Gewalt streng verurteilten. Hells Angels wären für sie der Satan, und Marihuana, vergiss es.

»Ich hatte kein Marihuana«, sagte ich. »Der Polizist hat es dorthin getan.«

»Klar, hat er. Als Dank dafür, dass du ihm einen geblasen hast?«

»Also, werden Sie mich jetzt verteidigen oder bestrafen?«

»Ich bin Ihr Pflichtverteidiger. Wir sehen uns vor Gericht.«

Joe war auch im Gericht, an eine Reihe anderer Männer in Orange gefesselt. Er sah mich nicht an. Ich hatte blaue Flecken, meine Haare standen in wilden Locken vom Kopf ab, und das Hemdkleid bedeckte kaum meine Unterhosen. Später gab Joe tatsächlich zu, dass er so tat, als ob er mich nicht kannte, weil ich so schäbig aussah. Wir bekamen Gerichtstermine im Januar zugewiesen. Als sein Fall vor Gericht kam, lachte der Richter bloß und ließ die Anklage fallen.

Ich hatte zu Hause angerufen. Es war schwer genug, Ben zu sagen, wo ich war. Ich schämte mich zu sehr, um jemanden um eine Kaution zu bitten, also wartete ich noch einen Tag, bis sie mich mit der Zusage freiließen, dass ich zum festgesetzten Termin vor Gericht erscheinen würde. Dummerweise mussten sie dazu die Direktorin der Schule anrufen, an der ich unterrichtete. Sie war eine Frau, die mich mochte, mich respektierte. Ich hatte immer noch nicht begriffen, wie sehr mich die Leute verurteilten. Mittlerweile verblüfft es mich, wie blind ich war, aber jetzt trinke ich auch nicht mehr.

Die Polizei sagte mir, ich müsse für Joe eine Kaution hinterlegen, also ging ich zu einem Kautionsvermittler. Es kann nicht viel gekostet haben, denn ich schrieb ihm einen Scheck aus.

Wir fanden heraus, wie wir zum Flughafen kommen konnten. Aber es war, als würde man den Mount Everest vor sich sehen. Es sieht bloß nah aus. Wir liefen endlose Kilometer durch den Regen, es war eiskalt. Wir brauchten fast den ganzen Tag. Wir lachten viel, auch dann noch, als wir versucht hatten, eine Abkürzung durch eine Hundezucht zu nehmen. Über einen Zaun zu klettern, während Dobermänner unter einem bellen und knurren, das ist echter Slapstick. Niemand nahm uns mit, als wir zum Freeway kamen. Stimmt nicht, ein

Typ in einem Lastwagen hielt schließlich an, aber da waren wir schon fast da und bedeuteten ihm, er solle weiterfahren.

Das war das Schlimmste an der ganzen Situation. Ernsthaft. Das verdammte Auto zu finden. Wir umrundeten jedes einzelne der riesigen Decks auf jedem einzelnen Stockwerk, immer höher hinauf und dann wieder hinunter und herum und herum und hinauf und herum und herum, bis wir schließlich beide weinten. Einfach heulten, weil wir so müde und hungrig waren und froren. Ein älterer Schwarzer sah uns und hatte keine Angst vor uns, obwohl wir vollkommen durchnässt waren und wie die Deppen weinten. Es machte ihm nicht mal etwas aus, dass wir Schlamm und Wasser in seinen makellosen alten Hudson brachten. Er fuhr wieder und wieder hoch und runter und herum und sagte, dass der liebe Gott uns helfen würde, ganz bestimmt. Und als wir das Auto fanden, sagten wir alle: »Gelobt sei Gott!« Als wir ausstiegen, sagte er: »Gott segne euch.« – »Gott segne Sie und herzlichen Dank«, sagten Joe und ich einstimmig, wie eine Erwiderung in der Kirche.

»Der Kerl ist ein verdammter Engel.«

»Aber wirklich«, sagte ich.

»Yeah, das meine ich. Ein Engel, der wirklich ist.«

Im Handschuhfach war noch mehr als die Hälfte von dem Jim Beam. Wir saßen da, mit eingeschalteter Heizung und beschlagenen Scheiben, aßen Cheerios und Croûtons aus der Tüte mit dem Entenfutter und tranken den Whisky aus.

»Ich muss schon zugeben«, sagte er, »nichts hat je besser geschmeckt.«

Während der gesamten Fahrt durch den Regen nach Hause schwiegen wir. Er fuhr. Ich wischte immer wieder den Dampf von den Scheiben. Ich bat ihn, den Kindern und Jesse nichts von den Anklagepunkten oder dem Polizisten zu sagen. Es handelt sich um ein Problem wegen Ruhestörung, okay? Cool, sagte er. Danach sagten wir nichts mehr. Ich fühlte mich nicht schuldig und schämte mich nicht, machte mir wegen der Schwierigkeiten, in denen ich steckte, keine Sorgen oder darüber, was ich nun tun sollte. Ich dachte an Jesse, der fort war.

Ich wollte Cheryl anrufen, bevor ich zu Jesse ging, aber sie legte auf, ich versuchte es noch mal, aber der Anrufbeantworter war an. Ich hätte gern das Auto genommen, machte mir aber Sorgen, es in dieser Gegend stehen zu lassen. Auch zu Fuß ging ich nur sehr ungern durch dieses Viertel. Ich schätze, es sagt einiges, dass ich meinen Porsche in der Bürogarage ließ und die sieben oder acht Querstraßen zu ihrer Wohnung ging.

Die Tür im Erdgeschoss war aus graffitibesprühtem Sperrholz hinter einem Metallgitter. Sie ließen mich mit dem Türsummer in ein staubiges Marmorfoyer, das von einem sternenförmigen Oberlicht vier Stockwerke weiter oben erhellt wurde. Das Gebäude war immer noch schön, Fliesen und Marmor, mit einer geschwungenen Treppe und verblassten Spiegeln in Art-déco-Rahmen.

Jemand schlief, an eine große Vase gelehnt; Typen mit abgewandten Gesichtern begegneten mir auf der Treppe, alle vage vertraut aus dem Gerichtsgebäude oder dem Gefängnis.

Als ich zu ihrer Wohnung kam, war ich außer Atem, mir war schlecht vom Geruch nach Urin, billigem Wein, ranzigem Öl, Staub. Carlotta öffnete die Tür. »Kommen Sie herein.« Sie lächelte. Ich betrat ihre farbenprächtige Welt, wo es nach Maisbrot und rotem Chili, Limetten, Koriander und ihrem Parfüm roch. Das Zimmer hatte hohe Wände, große Fenster. Orientalische Teppiche lagen auf dem gebohnerten Holzboden. Riesige Farne, Bananenpflanzen, Strelizien. Das einzige Möbelstück in diesem Zimmer war ein Bett mit roten Satinbezügen. Draußen sah man die goldene Kuppel der Abessinischen Baptistenkirche, einen Hain großer, alter Palmen, die Stelle, wo der Vorortzug um die Kurve bog. Es war wie eine Aussicht in Tanger. Sie ließ sie einen Moment lang auf mich wirken, dann schüttelte sie mir die Hand.

»Danke, dass Sie uns helfen, Mr. Cohen. Eines Tages werde ich Sie dafür bezahlen können.«

»Machen Sie sich deswegen keine Sorgen. Es freut mich, das für Sie zu tun«, sagte ich, »besonders jetzt, nachdem ich den Bericht gelesen habe. Er ist ganz offensichtlich gefälscht.«

Carlotta war groß und gebräunt, trug ein weiches weißes Trikotkleid. Sie sah aus wie Anfang dreißig, besaß, wie meine Mutter gesagt hätte, Haltung. Sie war eine noch größere Überraschung als die Wohnung, als Jesse, na ja, vielleicht nicht Jesse. Ich verstand, dass sie beide zusammen verstörend wirken konnten. Ich konnte nicht aufhören, sie anzustarren. Sie war eine schöne Frau. Ich meine nicht hübsch, obwohl sie das war. Anmutig. Wenn es wirklich zu einer Verhandlung kam, würde sie im Gerichtssaal großartig aussehen.

Wie sich zeigte, war das nur mein erster Besuch. Danach kam ich jeden Freitag wieder, ging, nein, eilte aus meinem Büro in ihre Wohnung. Als hätte ich ein Getränk zu mir genommen, so wie Alice, oder befände mich in einem Woody-Allen-Film. Nicht, dass der Schauspieler von der Leinwand herunterklettert. Ich kletterte hinauf.

Am ersten Abend führte sie mich in das andere Zimmer, in dem es einen feinen Bokhara-Teppich gab, ein paar Satteltaschen und einen Tisch mit Blumen und Kerzen, der für drei Personen gedeckt war. *Angie* tönte aus der Stereoanlage. Hier hingen Bambusjalousien vor den großen Fenstern, und der leichte Wind warf ihre Schatten wie Banner an die Wände.

Jesse rief Hallo aus der Küche, kam heraus, um mir die

Hand zu geben. Er trug Jeans und ein weißes T-Shirt. Ihre Gesichter glühten, sie waren den ganzen Tag im Delta gewesen.

»Wie gefällt Ihnen unsere Wohnung? Ich habe sie gestrichen. Sehen Sie sich die Küche an. Babykackegelb, schön, oder?«

»Die Wohnung ist fantastisch!«

»Und Sie mögen sie. Ich wusste es.« Er gab mir ein Glas Gin Tonic.

»Woher wussten Sie …«

»Ich habe die Sekretärin gefragt. Ich bin heute der Koch. Vielleicht wollen Sie Maggie ein paar Fragen stellen, während ich das hier fertig mache.«

Sie führte mich zur »Terrasse«, einem Austritt vor den Fenstern, über der Feuertreppe, gerade groß genug für zwei Milchkästen. Ich hatte Dutzende Fragen. Der Bericht sagte, sie sei Lehrerin. Sie erzählte mir, wie sie den Job an der evangelischen Highschool verloren hatte, wie man sie aus dem Haus geworfen hatte. Sie war freimütig. Sie sagte, die Nachbarn hätten sich schon lange über sie beschwert, weil so viele Menschen dort wohnten, wegen der lauten Musik. Es war nur der letzte Tropfen gewesen. Sie war froh, dass ihr Exmann die drei jüngsten Kinder mit nach Mexiko genommen hatte.

»Ich bin im Moment völlig durcheinander, durch den Wind«, sagte sie. Wegen ihrer schönen ruhigen Stimme fiel es mir schwer, ihr das zu glauben.

Sie erzählte mir kurz, was auf dem Flughafen passiert war, nahm mehr Schuld auf sich, als Jesse ihr gegeben hatte. »Was die Anklagepunkte betrifft, bin ich in allen schuldig, außer, was das Marihuana betrifft, das haben sie uns untergeschoben. Aber wie sie das beschreiben, ist krank. Zum Beispiel hat Joe uns wirklich beide geküsst, aber ganz freundschaftlich. Ich betreibe keinen Sexring mit kleinen Jungs. Wie der Polizist

Jesse geschlagen hat, war krank und falsch, und wie die anderen dabei zugesehen haben. Jeder normale Mensch hätte getan, was ich getan habe. Obwohl der Polizist, Gott sei Dank, nicht gestorben ist.«

Ich fragte sie, was sie nach der Verhandlung machen würde. Sie bekam einen panischen Ausdruck, flüsterte mir das zu, was Jesse mir schon im Büro gesagt hatte: dass sie beschlossen hätten, sich vor der Verhandlung nicht damit zu befassen.

»Aber ich krieg das hin. Krieg mich selbst wieder hin.« Sie sagte, sie spreche Spanisch, denke daran, sich bei Krankenhäusern um einen Job zu bewerben, oder als Gerichtsdolmetscherin. Sie hatte fast ein Jahr lang bei einem Prozess in New Mexico mitgearbeitet und gute Beurteilungen. Ich kannte den Fall und den Richter und den Anwalt, mit denen sie gearbeitet hatte. Berühmter Fall … ein Abhängiger, der einen Drogenfahnder fünfmal in den Rücken geschossen hatte und mit Totschlag davongekommen war. Wir redeten eine Weile über den brillanten Verteidiger, und ich sagte ihr, wohin sie wegen des Gerichtsdolmetschens schreiben sollte.

Jesse brachte Guacamole und Chips, einen neuen Drink für mich, Bier für sie beide. Sie glitt zu Boden, und er setzte sich. Sie lehnte sich an seine Knie. Eine seiner feingliedrigen Hände mit den langen Fingern lag an ihrem Hals, mit der anderen trank er sein Bier.

Die Art, wie seine Hand an ihrem Hals lag, werde ich nie vergessen. Sie waren nie kokett oder flirteten, ihre Gestik war weder erotisch noch demonstrativ, aber die Nähe war aufgeladen. Seine Hand an ihrem Hals. Es war keine besitzergreifende Geste; sie verschmolzen.

»Natürlich, Maggie kann jede Menge Jobs bekommen. Und sie kann sich eine Wohnung suchen, und alle ihre Kinder können nach Hause kommen. Die Sache ist nur, dass es ihnen ohne sie besser geht. Klar vermissen sie sie, und sie vermisst die Kinder. Sie war eine gute Mutter. Sie hat sie gut erzogen, ihnen Charakter und Werte beigebracht und ein Gefühl dafür gegeben, wer sie sind. Sie sind selbstbewusst und ehrlich. Sie lachen viel. Jetzt sind sie bei ihrem Papa, der sehr reich ist. Er kann sie nach Andover und Harvard schicken, wo er selbst studiert hat. In der restlichen Zeit können sie segeln und fischen und tauchen. Wenn sie zu ihr zurückkommen, werde ich gehen müssen. Und wenn ich gehen muss, wird sie trinken. Sie wird nicht damit aufhören können, und das wird schlimm sein.«

»Was wirst du tun, wenn du gehst?«

»Ich? Sterben.«

Die untergehende Sonne fiel in ihre glänzenden blauen Augen. Tränen füllten ihre Augen, blieben in den Wimpern hängen, ohne herabzufallen. Die grünen Palmen spiegelten sich darin, sodass es aussah, als trüge sie eine türkisfarbene Schutzbrille.

»Weine nicht, Maggie«, sagte er. Er bog ihren Kopf zurück und trank die Tränen.

»Woher wussten Sie, dass sie weint?«, fragte ich.

»Das weiß er immer«, sagte sie. »Nachts im Dunkeln, wenn er an meinem Rücken liegt und ich lächele, sagt er: ›Worüber lachst du?‹«

»Sie ist genauso. Sie kann eingedöst sein. Schnarchen. Und wenn ich dann grinse, macht sie die Augen auf und erwidert mein Lächeln.«

Dann gab es Abendessen. Eine fantastische Mahlzeit. Wir redeten über alles, mit Ausnahme des Verfahrens. Ich kann mich nicht erinnern, wie es dazu kam, dass ich Geschichten über meine russische Großmutter erzählte, Dutzende Geschichten über sie. Ich hatte seit Jahren nicht mehr so gelacht. Brachte ihnen das Wort *shonda* bei. Was für eine *shonda!*

Carlotta räumte ab. Die Kerzen waren halb heruntergebrannt. Sie kam mit Kaffee und Flan zurück. Als wir aufgegessen hatten, sagte sie: »Jon, darf ich Sie Berater nennen?«

»O Gott, nein«, sagte Jesse. »Das klingt wie der Typ in der Highschool. Er wird mich fragen, wo meine Wut herkommt. Nennen wir ihn Barrister. Barrister, ist Ihnen ein Gedanke zur Misere dieser Dame gekommen?«

»In der Tat, junger Mann. Lassen Sie mich schnell meine Aktentasche holen, und ich zeige Ihnen, wie es aussieht.«

Ich sagte Ja zu einem Cognac. Sie tranken jetzt beide Whisky und Wasser. Ich war enthusiastisch. Ich wollte sachlich bleiben, aber ich war zu begeistert. Ich ging das Dokument durch und verglich es mit der dreiseitigen Liste unwahrer, irreführender, verleumderischer oder beleidigender Aussagen aus dem Bericht. »Unzüchtig«, »kriminelles Verhalten«, »wollüstiges Verhalten«, »drohend«, »bedrohlich«, »bewaffnet und gefährlich«. Seitenweise Aussagen, die einen Richter und eine Jury gegen meine Klientin voreingenommen machen konnten, die ja auch mir ein verzerrtes Bild von ihr gegeben hatten, sogar noch, nachdem ich mit Jesse geredet hatte.

Ich hatte ein Blatt mit den Aussagen der Sicherheitsleute am Flughafen, sie hätten sie und ihre Kleider und Tasche gründlich durchsucht und keine Drogen oder Waffen gefunden.

»Das Beste ist allerdings, dass du recht hattest, Jesse. Die Typen haben beide eine lange Liste ernsthafter Verstöße. Suspendierung wegen vorschriftswidriger Gewalt, Schlagen von Tatverdächtigen. Zwei verschiedene Ermittlungen wegen Tötung unbewaffneter Tatverdächtiger. Jede Menge Beschwerden wegen Brutalität, unverhältnismäßiger Gewalt, unbegründeter Festnahme und dem Erfinden von Beweisen.

Und das nur nach einigen Tagen der Recherche! Wir wissen mit Sicherheit, dass diese beiden Polizisten ernsthafte Suspendierungen hatten, degradiert wurden, nach Schlägereien in der Stadt in den Süden von San Francisco geschickt wurden. Wir werden auf einer Prüfung beider Polizisten durch das Innenministerium bestehen, mit einer Klage gegen die Polizei von San Francisco drohen.«

»Dann lassen Sie uns nicht nur damit drohen, lassen Sie es uns tun«, sagte Jesse.

Ich würde bald merken, dass ihm das Trinken mehr Mut verlieh, sie aber schwächer machte. Sie schüttelte den Kopf. »Ich könnte das nicht durchziehen.«

»Keine gute Idee, Jesse«, sagte ich. »Aber es ist die richtige Haltung, um mit dem Fall umzugehen.«

Der Gerichtstermin war erst Ende Juni. Obwohl meine Assistenten weiterhin Beweise gegen die Polizisten sammelten, gab es nicht viel, was wir besprechen mussten. Wenn der Fall nicht abgewiesen wurde, dann würden wir die Verhandlung verschieben und, na ja, beten müssen. Aber ich ging immer noch jeden Freitag in die Wohnung in der Telegraph Street. Cheryl, meine Frau, machte das wütend und eifersüchtig. Außer zu Handballspielen war es das erste Mal, dass ich ohne sie irgendwohin ging. Sie verstand nicht, wieso sie nicht mitkommen konnte. Und ich konnte es nicht erklären, nicht einmal mir selbst gegenüber. Einmal beschuldigte sie mich sogar, eine Affäre zu haben.

Es war wie eine Affäre. Es war unvorhersehbar und aufregend. Freitags wartete ich den ganzen Tag darauf, zu ihnen gehen zu können. Ich liebte sie alle. Manchmal spielte ich mit Jesse, Joe und Carlottas Sohn Ben Poker oder Billard. Jesse brachte mir bei, wie man ein guter Pokerspieler und ein guter Billardspieler wurde. Es gab mir ein kindisch cooles Gefühl, mit ihnen in Billardsalons in Downtown zu gehen, ohne Angst zu haben. Durch die pure Anwesenheit von Joe waren wir überall sicher.

»Mit ihm ist es, als hätte man einen Pitbull, nur frisst er weniger«, sagte Jesse.

»Er ist auch für andere Sachen gut«, sagte Ben. »Er kann Flaschen mit den Zähnen öffnen. Er hat das beste Lachen überhaupt.« Das stimmte. Er sprach kaum, verstand Humor aber sofort.

Manchmal spazierten wir mit Ben durch die Innenstadt von Oakland, während er Fotos machte. Carlotta empfahl uns, mit den Händen Rahmen zu formen, Dinge wie durch eine Linse zu betrachten. Ich sagte Ben, das habe meine Wahrnehmung verändert.

Joe mochte es, sich in die Fotos einzuschleichen. Als die Negative entwickelt waren, saß er da auf einer Treppe mit ein paar Alkis oder stand verloren in einem Hauseingang, diskutierte mit einem chinesischen Fleischer über eine Ente.

An einem dieser Freitage brachte Ben eine Minolta mit und sagte mir, er würde sie mir für fünfzig Dollar verkaufen. Klar. Ich war entzückt. Später bemerkte ich, dass er Joe das Geld zuschob, was mir zu denken gab.

»Spiel damit, bevor du einen Film einlegst. Lauf einfach herum und schau durch die Linse. Die Hälfte der Zeit habe ich keinen Film im Apparat.«

Die ersten Fotos machte ich in einem Geschäft, das nur wenige Straßen von meinem Büro entfernt lag. Es bietet einzelne Schuhe zu je einem Dollar an. Auf der einen Seite stapeln sich alte linke Schuhe, auf der rechten Seite rechte Schuhe. Alte Männer. Arme junge Männer. Der alte Schuhverkäufer in einem Schaukelstuhl, der das Geld in eine Schachtel von Quaker-Oats-Frühstücksflocken steckt.

Seit Langem hatte mich nichts mehr so glücklich gemacht wie diese erste Filmrolle, nicht einmal ein gutes Verfahren. Als ich ihnen die Abzüge zeigte, klatschten sie mich alle ab. Carlotta umarmte mich.

Ben und ich gingen mehrmals frühmorgens zusammen durch Chinatown, in den Warehouse District. Es war eine gute Möglichkeit, Leuten zu begegnen. Ich konzentrierte mich auf Kinder in Schuluniformen, er fotografierte die Hände eines alten Mannes. Ich sagte ihm, dass ich mich unwohl damit fühlte, Menschen aufzunehmen, es käme mir aufdringlich und unhöflich vor.

»Ma und Jesse haben mir in dieser Sache geholfen. Sie reden immer mit jedem, und dann reden die Leute auch. Wenn ich ein Foto nicht machen kann, ohne dass mich die Person sieht, rede ich einfach mit ihnen, gehe direkt auf sie zu und sage: ›Haben Sie etwas dagegen, wenn ich ein Foto von Ihnen mache?‹ Meistens sagen sie: ›Natürlich habe ich was dagegen, Arschloch.‹ Aber manchmal haben sie nichts dagegen.«

Einige Male redeten wir über Carlotta und Jesse. Da sie alle so gut miteinander klarkamen, überraschte mich seine Wut.

»Na klar bin ich wütend. Ein Teil davon ist kindisch. Die sind so eng miteinander, dass ich mich ausgeschlossen fühle und eifersüchtig bin. Als ob ich meine Mutter und meinen besten Freund verloren hätte. Aber andererseits finde ich es auch gut. Ich habe keinen der beiden vorher glücklich erlebt. Aber sie nähren auch die selbstzerstörerische Seite des anderen, den Selbsthass. Er hat nicht mehr gespielt, sie nicht geschrieben, seit sie in die Telegraph Street gezogen sind. Sie verbrauchen sein Geld wie Wasser, vertrinken das meiste.«

»Ich habe nie das Gefühl, dass sie betrunken sind«, sagte ich.

»Das liegt daran, dass du sie nie nüchtern erlebt hast. Und

sie fangen mit dem Trinken erst richtig an, wenn wir gegangen sind. Dann ziehen sie durch die Stadt, suchen Ärger, wer weiß, was sie alles machen. Einmal sind sie ins Postdepot, und man hat auf sie geschossen. Wenigstens sind sie nett als Betrunkene. Sie sind schrecklich lieb zueinander. Zu uns Kindern war sie nie gemein, hat uns nie geschlagen. Sie liebt uns. Deshalb verstehe ich nicht, warum sie meine Brüder nicht zurückholt.«

Ein anderes Mal zeigte er mir auf der Telegraph Street den Text eines Liedes, das Jesse geschrieben hatte. Es war gut. Erwachsen, ironisch, zärtlich. Erinnerte mich an eine Mischung aus Dylan, Tom Waits und Johnny Cash. Ben gab mir außerdem einen *Atlantic Monthly*, in dem eine Geschichte von ihr war. Ich hatte die Geschichte einige Monate zuvor schon gelesen, fand sie großartig. »Ihr beiden habt diese schönen Sachen geschrieben?« Sie zuckten mit den Schultern.

Was Ben gesagt hatte, konnte ich nachvollziehen, aber ich sah keinen Selbsthass, nichts Selbstzerstörerisches. Das Zusammensein mit ihnen brachte eine positive Seite in mir zum Vorschein, eine gefühlvolle Seite.

Carlotta und ich waren allein auf der Terrasse. Ich fragte sie, warum es sich so gut anfühle, hier zu sein. »Liegt es einfach daran, dass sie alle jung sind?«

Sie lachte. »Keiner von ihnen ist jung. Ben war nie jung. Ich war nie jung. Auch du warst wahrscheinlich ein altes Kind, und du magst uns, weil du dich ausleben kannst. Es ist himmlisch zu spielen, oder? Du kommst hierher, weil dein übriges Leben dann verschwindet. Du erwähnst nie deine Frau, also muss es da Schwierigkeiten geben. Dein Job ist voller Schwierigkeiten. Bei Jesse darf jeder er selbst sein und nur an sich selbst denken. Für ihn ist es in Ordnung, wenn man eigennützig ist. Mit Jesse zusammen zu sein ist eine Art Meditation. Wie im Zazen zu sitzen oder in einem Isolationstank zu schweben. Vergangenheit und Zukunft verschwinden. Probleme und Entscheidungen verschwinden. Die Zeit verschwindet, und die Gegenwart nimmt eine außergewöhnliche Farbe an und existiert nur im Rahmen dieser einen Sekunde, genau wie die Rahmen, die wir mit unseren Händen formen.«

Ich sah, dass sie betrunken war, aber dennoch wusste ich, was sie meinte, wusste, sie hatte recht.

Eine Zeit lang schliefen Jesse und Maggie jede Nacht auf einem anderen Dach in der Innenstadt. Ich konnte mir nicht vorstellen, warum sie das taten, also nahmen sie mich einmal mit. Zuerst fanden wir die alte Feuertreppe aus Metall, Jesse sprang hoch und zog sie herunter. Als wir die Stufen bis zur Feuerleiter hinaufgeklettert waren, zog er sie hinter uns hoch. Dann stiegen wir hinauf. Der Blick über die Mündung und die Bucht war geheimnisvoll und magisch. Hinter der Golden Gate Bridge war noch schwach das Rosa vom Sonnenuntergang zu sehen. Das Stadtzentrum von Oakland war still und verlassen. »Am Wochenende ist es hier wie in *On the Beach* von Chris Rea«, sagte Jesse.

Ich war überwältigt von der Stille, dem Gefühl, die Einzigen hier zu sein, die Stadt unter uns, der Himmel ringsum. Ich wusste nicht genau, wo wir waren, bis Jesse mich zu sich rief, auf einen entfernten Sims. »Schau mal.« Ich schaute, und dann verstand ich. Da war mein Büro, im fünfzehnten Stock des Leyman-Gebäudes, einige Stockwerke höher als wir. Nur ein paar Fenster weiter lag das von Brillig. Die kleine Schildpatt-Lampe brannte. Brillig saß an seinem großen Schreibtisch, ohne Jackett und Krawatte, die Füße auf einem Sitzkissen. Er las. Wahrscheinlich Montaigne, weil das Buch einen Ledereinband hatte, und er lächelte.

»Das ist nicht nett«, sagte Carlotta. »Gehen wir.«

»Normalerweise liebst du es, bei den Leuten in die Fenster zu sehen.«

»Ja, aber wenn man sie kennt, dann stellt man sich nichts mehr vor, dann ist es Spionieren.«

Als wir die Feuertreppe hinunterstiegen, dachte ich, dass ich sie wegen solcher Wortwechsel mochte. Ihre Gespräche waren nie belanglos.

Einmal waren Joe und Jesse noch beim Angeln, als ich kam. Ben war da. Maggie hatte geweint. Sie gab mir einen Brief von ihrem fünfzehnjährigen Sohn Nathan. Ein lieber Brief, in dem er davon berichtete, was sie so machten, und schrieb, sie wollten nach Hause kommen.

»Also, was meinst du?«, fragte ich Ben, als sie das Zimmer verließ, um sich das Gesicht zu waschen.

»Ich wünschte, sie würde aufhören zu glauben, es ginge nur entweder Jesse oder die Kinder. Wenn sie eine Arbeit und eine Wohnung finden und aufhören würde, zu trinken, und wenn er bloß hin und wieder vorbeikäme, würden sie merken, dass es klappt. Es könnte klappen. Das Problem ist, dass sie beide Angst haben, der andere würde gehen, wenn einer von ihnen mit dem Trinken aufhört.«

»Würde sie aufhören zu trinken, wenn er wegginge?«

»Gott, nein. Das wäre der Horror.«

Ben und Joe gingen an diesem Abend zu einem Baseballspiel. Joe sprach immer von den »verdammten A's«.

»*Asphalt Cowboys* läuft im Fernsehen. Willst du mitkommen, ihn ansehen?«, fragte Jesse. Ich sagte, gern, ich fände den Film toll. Ich dachte, sie würden in eine Bar gehen, auch wenn er noch nicht alt genug war. Nein, sie meinten den Greyhound-Busbahnhof, wo wir in benachbarten Sitzen saßen, jeder mit einem kleinen Fernsehgerät vor sich, in das wir Münzen warfen. Während der Werbung holte Maggie mehr

Münzen und Popcorn. Danach gingen wir in ein chinesisches Restaurant. Aber es machte gerade zu. »Ja, wir kommen immer her, wenn es gerade zumacht. Dann bestellen sie Pizza.« Keine Ahnung, wie sie das ursprünglich herausgefunden hatten. Sie stellten mich dem Kellner vor, und wir gaben ihm Geld. Dann saßen wir mit den Kellnern, Köchen und Abwäschern um einen großen Tisch herum, aßen Pizza und tranken Cola. Die Lichter waren aus, wir aßen bei Kerzenschein. Sie sprachen alle chinesisch, nickten uns zu, wenn sie verschiedene Pizzas herumgehen ließen. Es fühlte sich an wie in einem echten chinesischen Restaurant.

Am nächsten Abend waren Cheryl und ich mit Freunden zum Abendessen am Jack London Square verabredet. Die Nacht war mild, das Verdeck des Porsche war zurückgeklappt. Wir hatten einen guten Tag gehabt, uns geliebt, im Bett gefaulenzt. Als wir uns dem Restaurant näherten, lachten Cheryl und ich, hatten gute Laune. Wegen eines dieser Güterzüge, die ständig über den Platz krochen, mussten wir anhalten. Der hier nahm gar kein Ende. Ich hörte jemanden rufen.

»Berater! Jon! Hey, Barrister!« Aus einem der Waggons winkten mir Jesse und Carlotta zu, warfen Kusshände.

»Sag bloß«, sagte Cheryl, »das müssen Peter Pan und seine Mutter sein.« Sie sagte: »Jons persönliche Bonnie und Clyde.«

»Halt den Mund.«

Das hatte ich noch nie zu ihr gesagt. Sie starrte vor sich hin, als hätte sie mich nicht gehört. Wir gingen in das elegante Restaurant mit unseren eleganten, wortgewandten, toleranten Freunden. Das Essen war ausgezeichnet, die Weine vorzüglich. Wir redeten über Filme und Politik und Recht. Cheryl war charmant, ich war witzig. Etwas Schreckliches war zwischen uns geschehen.

Cheryl und ich sind mittlerweile geschieden. Ich glaube,

dass der Anfang des Endes unserer Ehe diese Freitagabende waren, nicht die Tatsache, dass sie eine Affäre anfing. Sie war wütend, weil ich sie nie mitnahm, sie ihnen nie vorstellte. Ich bin mir nicht sicher, warum ich das nicht wollte, ob ich Angst hatte, sie würde die beiden nicht mögen oder sie könnten Cheryl nicht mögen. Etwas anderes … ein Teil von mir, für den ich mich vor ihr schämte.

Jesse und Carlotta hatten den Güterzug schon vergessen, als ich sie das nächste Mal sah.

»Es ist hoffnungslos mit Maggie. Wir könnten lernen, wie man das macht. Wir könnten durch die ganze USA reisen. Aber jedes Mal, wenn wir ratternd losziehen, wird sie hysterisch. Wir sind noch nie weiter als bis Richmond und Fremont gekommen.«

»Stimmt nicht, einmal bis nach Stockton. Weit. Es ist beängstigend, Jon. Aber auch herrlich, und man fühlt sich wirklich frei, so, als wäre es dein Privatzug. Problem ist, dass Jesse nichts Angst macht. Was, wenn wir in North Dakota in einen Schneesturm geraten und sie uns im Waggon einsperren? Dann wäre es aus mit uns. Erfroren.«

»Maggie, du musst aufhören, dir so viele Sorgen zu machen. Schau doch, was du dir damit antust! Machst dir in die Hosen wegen einem Schneesturm in South Dakota.«

»North Dakota.«

»Jon, sag ihr, sie soll sich nicht solche Sorgen machen.«

»Alles wird gut, Carlotta«, sagte ich. Aber auch ich hatte Angst.

*

Wir beobachteten den Wachmann am Jachthafen. Um halb acht war er immer am anderen Ende der Kais. Wir warfen unsere Sachen unten am Wasser über den Zaun, wo er nicht mit einer Alarmanlage verdrahtet war, und kletterten hinüber. Wir brauchten einige Anläufe, ehe wir unser perfektes Boot gefunden hatten, *La Cigale*. Ein wunderschönes, großes Segelboot mit einem Teakholzdeck. Flach im Wasser. Wir breiteten unsere Schlafsäcke aus, stellten das Radio leise an, aßen Sandwiches und tranken Bier. Später Whisky. Es war kühl und roch nach Meer. Einige Male riss der Nebel auf, und wir konnten die Sterne sehen. Am schönsten war es, wenn die riesigen japanischen Schiffe, mit Autos beladen, die Mündung heraufkamen. Wie fahrende Wolkenkratzer, hell beleuchtet. Geisterschiffe, die geräuschlos vorbeiglitten. Sie machten Wellen, die so groß waren, dass sie still dahinrollten, ohne Geplätscher. Auf keinem der Decks sah man je mehr als ein oder zwei Gestalten. Männer, die allein dastanden, rauchten, ungerührt über die Stadt schauten.

Mexikanische Tanker waren genau das Gegenteil. Wir konnten schon die Musik hören, die qualmenden Maschinen riechen, bevor wir die rostigen Schiffe sahen. Die ganze Mannschaft hing an der Reling, winkte den Mädchen auf den Restaurantterrassen zu. Die Matrosen lachten, rauchten, aßen alle. Ich konnte nicht anders, einmal rief ich ihnen *Bienvenidos!* zu, und der Wachmann hörte mich. Er kam herüber und richtete seine Taschenlampe auf uns.

»Hab euch zwei schon öfter hier gesehen. Schon klar, dass ihr keinem was tut und nicht klaut, aber ihr könnt mich echt in Schwierigkeiten bringen.«

Jesse bedeutete ihm, herunterzukommen. Er sagte sogar: »Willkommen an Bord!« Wir gaben ihm ein Sandwich und ein Bier und sagten ihm, dass wir, falls wir entdeckt werden sollten, auf jeden Fall klarstellen würden, dass er uns nicht habe sehen können. Er hieß Solly. Von da an kam er jeden

Abend um acht zum Dinner, und danach machte er seine Runden. Früh am Morgen, bevor es hell wurde, weckte er uns, wenn die Vögel gerade anfingen, über das Wasser zu schwirren.

Süße Frühlingsnächte. Wir liebten uns, tranken, redeten. Was gab es so viel zu reden? Manchmal redeten wir die ganze Nacht. Einmal redeten wir über die schlimmen Dinge, als wir klein waren. Wir spielten sie sogar miteinander nach. Es war sexy und schaurig. Wir machten das nie wieder. Unsere Gespräche drehten sich um Menschen, meistens um die, denen wir auf unseren Streifzügen durch die Stadt begegneten. Solly. Ich mochte es, wenn er und Jesse über Landarbeit redeten. Solly stammte aus Grundy Center in Iowa, war auf Treasure Island stationiert gewesen, als er bei der Marine war.

Jesse las nie Bücher, aber die Worte, die die Menschen sagten, machten ihn glücklich. Eine Schwarze, die sagte, sie sei so alt wie Salz und Pfeffer. Solly, der sagte, er sei abgezischt, habe seine Frau verlassen, als sie huschäugig und schmalschnäblig geworden sei.

Jesse gab jedem das Gefühl, wichtig zu sein. Er war nicht nett. Nett ist ein Wort wie Nächstenliebe; es klingt nach Anstrengung. Wie dieser Autoaufkleber, dass man regelmäßig etwas Nettes tun soll. Dabei sollte man das immer, es ist nichts, was man sich vornimmt. Jesse war einfühlsam und neugierig, jedem gegenüber. Mein ganzes Leben hatte ich das Gefühl, nicht wirklich zu existieren. Er sah mich. Mich. Er sah, wer ich war. Trotz all der gefährlichen Sachen, die wir machten, war die einzige Zeit, in der ich mich je sicher fühlte, die Zeit mit ihm.

Das Dümmste und Gefährlichste, was wir machten, war, zur Insel im Lake Merritt hinauszuschwimmen. Wir packten all unsere Sachen, Wechselkleidung, Essen, Whisky, Zigaretten in

Plastik ein und schwammen hinaus. Weiter, als es aussieht. Das Wasser war sehr kalt, stank faulig-verdreckt, und wir stanken auch, sogar noch, nachdem wir uns umgezogen hatten.

Tagsüber ist der Park schön, eine hügelige Landschaft mit alten Eichen, der Rosengarten. Nachts pulsierten Schrecken und Bosheit. Grässliche Geräusche drangen, vom Wasser verstärkt, zu uns herüber. Wütendes Ficken und Prügeln, zerbrechende Flaschen. Kotzende und schreiende Menschen. Frauen, die geschlagen wurden. Die Polizei, Stöhnen und Schläge. Das mittlerweile vertraute Geräusch von Polizeitaschenlampen. Klatsch klatsch schlugen die Wellen an unsere kleine, bewaldete Insel, aber wir zitterten und tranken so lange, bis es sich so weit beruhigt hatte, dass wir uns trauten, zum Ufer zurückzuschwimmen. Das Wasser muss wirklich verseucht gewesen sein, wir waren beide tagelang krank.

Eines Nachmittags tauchte Ben auf. Ich war allein. Joe und Jesse waren Billard spielen gegangen. Ben packte mich am Haar und zog mich ins Bad.

»Schau dich an, du Suffkopf! Wer bist du? Was ist mit meinen Brüdern? Dad und sein Mädchen sind auf Kokain. Bei dir würden sie vielleicht in einem Autounfall sterben oder du würdest das Haus niederbrennen, aber wenigstens würden sie nicht denken, Trinken wäre etwas ganz Tolles. Sie brauchen dich. Ich brauche dich. Ich will dich nicht hassen müssen.« Er schluchzte.

Alles, was ich tun konnte, war das, was ich schon Tausende Male zuvor getan hatte. Wieder und wieder sagte ich: »Es tut mir leid.«

Aber als ich Jesse erklärte, wir müssten aufhören, war er einverstanden. Warum nicht auch mit dem Rauchen, wenn wir schon dabei sind. Wir sagten den Jungs, wir würden in der Nähe von Big Sur wandern gehen. Wir fuhren den Haarnadel-Highway 1 oberhalb des Wassers entlang. Der Mond schien, und der Schaum des Ozeans war neonweiß. Jesse fuhr mit ausgeschalteten Scheinwerfern, was beängstigend war, und damit fing der Streit an. Nachdem wir angekommen waren und im Wald, fing es an zu regnen. Es regnete und regnete, und wir stritten weiter, es ging irgendwie um Ramennudeln. Es war kalt, und außerdem hatten wir beide auch noch schlimme Schüttelkrämpfe. Wir hielten es nur eine Nacht aus. Wir fuhren nach Hause und betranken uns, ließen es mit der Zeit weniger werden, bevor wir es noch mal versuchten.

Dieses Mal war es besser. Wir fuhren nach Point Reyes. Es war klar und warm. Stundenlang schauten wir auf den Ozean, still. Wir wanderten in den Wäldern, rannten am Strand umher, erzählten einander, wie großartig Granatäpfel schmeckten. Wir waren etwa drei Tage dort, als wir von seltsamen Grunzlauten geweckt wurden. Aus dem nebligen Wald brachen Kreaturen hervor, kamen auf uns zu wie Aliens mit länglichen Köpfen, stießen gutturale Geräusche aus, gruseliges Lachen. Sie liefen steifbeinig und mit schaukelndem Gang. »Guten Morgen. Tut mir leid, dass wir Sie stören«, sagte ein Mann. Wie sich herausstellte, handelte es sich um eine Gruppe schwer debiler Jugendlicher. Ihre lang gezogenen Köpfe saßen wie aufgerollte Schlafsäcke auf ihren Rucksäcken. »Gott, ich brauch 'ne Zigarette«, sagte Jesse. Es war gut, zurück nach Hause in die Telegraph Street zu kommen. Wir hatten immer noch nichts getrunken.

»Erstaunlich, wie viel Zeit das Trinken beansprucht hat, oder, Maggie?«

Wir gingen ins Kino. Schauten dreimal hintereinander *Badlands.* Keiner von uns konnte schlafen. Wir liebten uns Tag und Nacht, als ob wir wütend aufeinander wären, ließen die Seidenlaken zu Boden gleiten, schwitzend und ausgebrannt.

Eines Abends kam Jesse ins Bad, wo ich einen Brief von Nathan las. Er sagte, sie müssten nach Hause kommen. Jesse und ich stritten die ganze Nacht. Kämpften, schlugen und traten und kratzten, bis wir schließlich schluchzend zusammenbrachen. Danach waren wir tagelang richtig betrunken, so schlimm wie nie zuvor. Schließlich war ich vom Alkohol so vergiftet, dass ein Drink keine Wirkung mehr zeigte, den Schüttelkrampf nicht mehr stoppte. Ich hatte Angst, war panisch. Ich fühlte mich nicht in der Lage aufzuhören, mich jemals wieder um mich zu kümmern, erst recht nicht um meine Kinder.

Wir waren verrückt und machten einander noch verrückter. Wir kamen zu dem Schluss, dass keiner von uns lebenstüchtig war. Er würde nie ein Musiker werden, hatte es schon versaut. Ich hatte als Mutter versagt. Wir waren hoffnungslose Alkoholiker. Wir konnten nicht zusammenleben. Keiner von uns war für diese Welt geschaffen. Also würden wir einfach sterben. Es ist peinlich, das zu schreiben. Es klingt so egoistisch und melodramatisch. Als wir es aussprachen, war es eine schreckliche und düstere Wahrheit.

Am Morgen stiegen wir ins Auto, fuhren nach San Clemente. Ich würde am Mittwoch im Haus meiner Eltern sein. Am Donnerstag würde ich zum Strand fahren und ins Meer hinausschwimmen. So wäre es ein Unfall, und meine Eltern könnten sich um meine Leiche kümmern. Jesse würde zurückfahren und sich am Freitag erhängen, sodass Jon ihn fand.

Wir mussten weniger trinken, um überhaupt fahren zu können. Wir riefen Jon, Joe und Ben an, um ihnen zu sagen, dass wir verreisen würden und am nächsten Freitag wieder da seien. Auf der Fahrt ließen wir uns Zeit. Es war eine wunderbare Reise. Schwimmen im Meer. Carmel und Hearst Castle. Newport Beach.

Newport Beach war großartig. Die Moteldame klopfte an unsere Tür und sagte zu mir: »Ich habe vergessen, Ihrem Mann die Handtücher zu geben.«

Als wir *Big Valley* schauten, sagte Jesse: »Was meinst du? Sollten wir heiraten oder uns umbringen?«

In der Nähe des Hauses meiner Eltern gerieten wir in einen läppischen Streit. Er wollte sich das Haus von Richard Nixon ansehen, bevor er mich absetzte. Ich sagte, es sollte nicht eine meiner letzten Handlungen im Leben sein, mir Nixons Haus anzusehen.

»Okay, dann verpiss dich, steig aus.«

Ich sagte mir, dass ich, wenn er jetzt sagen würde, er liebe mich, nicht aussteigen würde, aber er sagte nur: »Lass mich dein Lächeln sehen, Maggie.« Ich stieg aus, nahm meinen Koffer vom Rücksitz. Ich konnte nicht lächeln. Er fuhr weg.

Meine Mutter war eine Hexe, sie wusste schon alles. Ich hatte ihnen nichts von Jesse erzählt. Ich hatte ihnen gesagt, dass mich die Schule entlassen hatte, dass die Kinder in Mexiko waren und ich auf Jobsuche. Aber ich war erst eine Stunde da, als sie sagte: »So, dann willst du dich also umbringen, oder was?«

Ich sagte ihnen, dass mich die Jobsuche deprimiere, dass ich meine Söhne vermisste. Dass ich gedacht hatte, es wäre eine gute Idee, sie zu besuchen. Aber jetzt hätte ich nur das Gefühl, etwas hinauszuzögern. Am besten sollte ich am nächsten Morgen zurückfahren. Sie waren ziemlich mitfühlend. Wir tranken an diesem Abend alle viel.

Am nächsten Morgen brachte mein Vater mich zum John-Wayne-Flughafen und kaufte mir ein Ticket nach Oakland. Er sagte immer wieder, dass ich als Sprechstundenhilfe in einer Arztpraxis anfangen solle, wo ich Versorgungsleistungen bekäme.

Ungefähr zu der Zeit, zu der ich hätte ertrinken sollen, saß ich im Bus der MacArthur-Linie in Richtung Telegraph Street. Von der 40th Street aus rannte ich die letzten Meter nach Hause, voller Panik, dass Jesse schon tot wäre.

Er war nicht zu Hause. Überall standen lila Tulpen. In Vasen, Kannen und Schüsseln. In der ganzen Wohnung, im Bad, in der Küche. Auf dem Tisch lag ein Zettel: »Du kannst mich nicht verlassen, Maggie.«

Er näherte sich mir von hinten, drehte mich um, drückte mich gegen den Herd. Er hielt mich, zog mir den Rock hoch, die Unterhosen herunter, drang in mich ein und kam. Wir verbrachten den ganzen Morgen auf dem Küchenboden. Otis Redding und Jimi Hendrix. *When a Man Loves a Woman.* Jesse machte uns sein Lieblingssandwich. Hühnchen auf Wonderbread mit Mayonnaise. Kein Salz. Es ist ein scheußliches Sandwich. Meine Beine zitternd vom Sex, mein Gesicht wund vom Lächeln.

Wir duschten und zogen uns an, verbrachten die Nacht auf unserem eigenen Dach. Wir sprachen nicht. Er sagte nur: »Jetzt ist es noch schlimmer.« Ich nickte an seiner Brust.

Jon kam am nächsten Abend als Erster, dann Joe und Ben. Ben war erfreut, dass wir nicht tranken. Wir hatten das nicht beschlossen, es war einfach so. Natürlich stellten sie Fragen wegen der Tulpen.

»Die Bude brauchte verdammt noch mal ein bisschen Farbe«, sagte Jesse.

Wir beschlossen, etwas bei Flints Barbecue zu bestellen und zum Jachthafen von Berkeley zu fahren.

»Ich wünschte, wir könnten sie auf unser Boot mitnehmen«, sagte ich.

»Ich habe ein Boot«, sagte Jon. »Lass uns mit meinem Boot rausfahren.«

Sein Boot war kleiner als *La Cigale*, aber es war trotzdem schön. Wir fuhren hinaus, mit dem Motor, fuhren im Sonnenuntergang einmal um die ganze Bucht. Es war schön, die Städte, die Brücke, die Gischt. Wir fuhren zurück zum Kai und aßen Dinner an Deck. Solly ging vorbei, sah verängstigt aus, als er uns sah. Wir stellten ihn Jon vor, erzählten ihm, dass er uns mit aufs Wasser genommen hatte.

Solly grinste. »Mann, das muss euch beiden aber gefallen haben. Eine Bootstour!«

Joe und Ben lachten. Es hatte ihnen gefallen, draußen in der Bucht zu sein, der Geruch, die Freiheit. Sie redeten davon, sich ein Boot zuzulegen und darauf zu wohnen. Planten alles ganz genau.

»Was ist denn mit euch los?«, fragte uns Joe. Es stimmte. Wir drei waren still, saßen einfach nur da.

»Ich bin deprimiert«, sagte Jon. »Ich hab dieses Boot seit einem Jahr, und das ist das dritte Mal, dass ich damit draußen war. Bin mit dem verdammten Teil noch nie gesegelt. Alles ist völlig aus dem Gleichgewicht geraten. Mein Leben ist ein einziges Chaos.«

»Ich …« Jesse schüttelte den Kopf, beendete den Satz nicht. Ich wusste, er war aus dem gleichen Grund traurig wie ich. Das war ein richtiges Boot.

Jesse sagte, er wolle beim Prozess nicht dabei sein. Ich sagte Carlotta, ich würde sie sehr früh abholen. Es war die Zeit, als das Benzin rationiert war, sodass man nie wusste, wie lang die Schlangen waren. Ich holte sie an der Ecke von Sears ab. Jesse war auch da, sah blass aus, verkatert.

»Hey, Mann. Keine Sorge. Es wird schon gut gehen«, sagte ich. Er nickte.

Sie legte einen Schal über ihr Haar. Ihre Augen waren klar,

und sie wirkte ruhig, sie trug ein staubrosa Kleid, zweckmäßige Lederpumps, eine kleine Handtasche.

»Jackie O. geht vor Gericht! Das Kleid ist perfekt«, sagte ich.

Sie gaben sich einen Abschiedskuss.

»Ich hasse dieses Kleid«, sagte er. »Wenn du wiederkommst, möchte ich es verbrennen.« Sie standen da und sahen sich an.

»Na los, steig ein. Du kommst nicht ins Gefängnis, Carlotta, ich verspreche es dir.«

Tatsächlich mussten wir lange an der Tankstelle warten. Wir redeten über alles, außer über das Verfahren. Wir redeten über Boston. Den Grolier-Buchladen. Das Restaurant Lochober. Über Cape Cod, Truro und die Dünen. Cheryl und ich hatten uns in Provincetown kennengelernt. Ich erzählte ihr, dass Cheryl eine Affäre hatte. Ich wisse nicht, wie ich mich fühlte. Wegen der Affäre, unserer Ehe. Carlotta legte ihre Hand auf meine, auf dem Schalthebel.

»Es tut mir leid, Jon«, sagte sie. »Das Schlimmste ist, nicht zu wissen, wie man sich fühlt. Wenn du es weißt, na ja, dann wird dir alles klar werden. Nehm ich an.«

»Vielen Dank.« Ich lächelte.

Beide Polizisten waren im Gerichtssaal. Sie saß ihnen im Zuschauerbereich gegenüber. Ich redete mit dem Staatsanwalt und dem Richter, und wir gingen ins Richterzimmer. Beide schauten Carlotta direkt an, bevor wir hineingingen.

Es lief wie am Schnürchen. Ich hatte seitenlange Unterlagen über die Polizei und die Dokumente von der Sicherheitskontrolle, die besagten, dass sie kein Marihuana gefunden hatten. Der Richter bekam eine Vorstellung von dem Polizeibericht, ehe ich überhaupt richtig angefangen hatte.

»Jaja, also was schlagen Sie vor?«

»Wir schlagen vor, das Polizeidepartment von San Francisco zu verklagen, es sei denn, alle Anklagepunkte werden fallen gelassen.« Er dachte darüber nach, aber nicht lange.

»Ich halte es für angemessen, die Anklagepunkte fallen zu lassen.«

Der Staatsanwalt hatte es kommen sehen, aber mir war klar, dass er es entsetzlich fand, es den Polizisten eröffnen zu müssen.

Wir gingen zurück in den Gerichtssaal, wo der Richter sagte, dass es ihm wegen einer anhängigen Klage gegen das Polizeidepartment von San Francisco angemessen erscheine, alle Anklagepunkte gegen Carlotta Moran fallen zu lassen. Hätten die Polizisten Taschenlampen gehabt, hätten sie Carlotta gleich dort im Gerichtssaal zu Tode geknüppelt. Sie konnte sich ein engelsgleiches Lächeln nicht verkneifen.

Ich war enttäuscht. Es war so schnell gegangen. Und ich hatte erwartet, dass sie glücklicher wäre, voller Erleichterung. Hätte der andere Anwalt den Fall verhandelt, säße sie nun im Gefängnis. Ich sagte das sogar zu ihr, in Erwartung eines Kompliments.

»Hey, wie wär's mit ein bisschen Freude, äh, oder Dankbarkeit?«

»Jon, verzeih mir. Natürlich freue ich mich. Natürlich sind wir dankbar. Und ich weiß, was du kostest. Wir schulden dir Tausende von Dollar. Aber noch viel mehr bedeutet es uns, dass wir dich kennengelernt haben und du uns mochtest. Und wir lieben dich.« Sie schenkte mir eine herzliche Umarmung, ein strahlendes Lächeln.

Ich schämte mich, sagte ihr, sie solle sich wegen des Geldes keine Sorgen machen, das sei mehr gewesen als bloß ein Fall. Wir stiegen ins Auto.

»Jon, ich brauch einen Drink. Wir müssen beide frühstücken.«

Ich hielt an und kaufte ihr einen Viertelliter Jim Beam. Unterwegs zu Dennys nahm sie ein paar große Schlucke.

»Was für ein Morgen. Wir könnten in Cleveland sein. Sieh dich um.« Dennys in Redwood City gab einem das Gefühl, sich im Herzen Amerikas zu befinden.

Mir wurde klar, wie sehr sie sich bemühte, mir zu zeigen, dass sie glücklich war. Sie bat mich, ihr zu erzählen, was passiert war, was ich gesagt hatte, was der Richter gesagt hatte. Auf der Fahrt nach Hause fragte sie mich nach anderen Fällen, welche mir am liebsten seien. Ich verstand nicht, was los war, bis wir auf der Bay Bridge waren und ich ihre Tränen sah. Als wir die Brücke passiert hatten, fuhr ich an den Straßenrand und hielt, gab ihr mein Taschentuch. Sie brachte ihr Gesicht im Spiegel in Ordnung, sah mich mit der Grimasse eines Lächelns an.

»So, ich schätze, die Party ist jetzt vorbei«, sagte ich. Ich klappte das Autoverdeck gerade noch rechtzeitig hoch. Als wir weiter in Richtung Oakland fuhren, fing es stark zu regnen an.

»Was wirst du tun?«

»Was schlagen Sie vor, Berater?«

»Sei nicht sarkastisch, Carlotta. Das passt nicht zu dir.«

»Ich meine es ernst. Was würdest du tun?«

Ich schüttelte den Kopf. Ich musste an ihr Gesicht denken, als sie Nathans Brief gelesen hatte. Mir fiel ein, wie Jesse ihren Hals berührt hatte.

»Ist es dir klar? Was du tun wirst?«

Er wartete an der Ecke von Sears. Klatschnass.

»Halt! Da ist er!«

Sie stieg aus. Er kam herüber, fragte sie, wie es gelaufen sei.

»Ein Klacks. Es war großartig.«

Er langte durchs Fenster und gab mir die Hand. »Danke, Jon.«

Ich fuhr um die Ecke und hielt am Straßenrand, sah zu, wie sie im strömenden Regen davongingen, beide absichtsvoll in Pfützen stapfend, einander zärtlich anrempelnd.

Schritt

Die Entzugsklinik West Oakland war früher ein Lagerhaus. Im Innern ist es dunkel, und es hallt wie in einem unterirdischen Parkhaus. Die Zimmer, eine Küche und das Büro liegen um einen riesigen Raum. In der Mitte des Raums gibt es einen Billardtisch und die Fernsehhöhle. Sie nennen es die Höhle, weil die umgebenden Wände nur anderthalb Meter hoch sind, damit die Suchtberater hineinsehen können.

Die meisten Bewohner waren in der Höhle, in blauen Schlafanzügen schauten sie *Erwachsen müsste man sein!* Bobo hielt Carlotta eine Tasse Tee zum Trinken hin. Die anderen Männer lachten darüber, wie sie im Zugdepot herumgerannt war und versucht hatte, unter den Motor zu kommen. Der Amtrak-Zug aus L. A. hatte gehalten. Carlotta lachte ebenfalls. Alle liefen in ihren Schlafanzügen herum. Nicht, dass es ihr egal war, was sie getan hatte. Sie erinnerte sich nicht daran, die Tat war ganz und gar nicht ihre.

Milton, der Suchtberater, kam an den Rand der Höhle.

»Wann fängt der Kampf an?«

»In zwei Stunden.« Benitez gegen Sugar Ray Leonard um den Titel im Weltergewicht.

»Sugar Ray wird's machen, leicht.« Milton grinste Carlotta an, und die Männer machten Kommentare, witzelten. Sie kannte die meisten der Männer hier von früher, von Entzugsaufenthalten in Hayward, Richmond, San Francisco. Bobo kannte sie auch von der Psychiatrischen in Highland.

Alle zwanzig Insassen waren jetzt in der Höhle, mit Kissen und Decken kuschelten sie sich aneinander wie Vorschulkinder beim Mittagsschlaf oder Menschen in Luftschutzbunkern auf Bildern von Henry Moore. Im Fernsehen sagte Orson Welles: »Wir verkaufen den Wein erst, wenn die Zeit wirklich reif dafür ist.« Bobo lachte: »Die Zeit ist reif, Bruder, sie ist reif!«

»Hör auf zu zittern, Mädchen, der Fernseher wackelt.«

Ein Mann mit Rastalocken setzte sich neben Carlotta, legte ihr die Hand auf die Innenseite des Oberschenkels. Bobo packte ihn am Handgelenk. »Nimm sie weg, oder ich brech sie dir.« Old Sam kam herein, in eine Decke gewickelt. Es gab keine Heizung, und es war bitterkalt.

»Setz dich auf ihre Füße. Dann halten sie still.«

Im Dutzend billiger war fast zu Ende. Clifton Webb starb, und Myrna Loy ging aufs College. Willie sagte, ihm habe es in Europa gefallen, weil die Weißen dort hässlich seien. Carlotta wusste nicht, was er meinte, dann wurde ihr klar, dass die einzigen Menschen, die einsame Trinker je sehen, die im Fernsehen sind. Um drei Uhr morgens würde sie darauf warten, Jack the Ripper in der Gebrauchtwagenwerbung zu sehen. Jetzt killen wir die Preise!

Das einzige Licht im Entzug kam vom Fernseher. Es war, als wäre die Höhle ihr eigener verrauchter Boxclub, mittendrin der Ring in Farbe. Die Stimme des Ansagers war schrill. Heute sind eine Million Dollar in der Kasse! Alle Männer hatten ihr Geld auf Sugar Ray gesetzt, hätten es getan. Bobo sagte Carlotta, dass einige der Männer hier gar keine Alkoholiker seien, sie täten nur so, als bräuchten sie einen Entzug, um den Kampf sehen zu können.

Carlotta war für Benitez. Du stehst auf die süßen Jungs, was, Mama? Benitez war hübsch, mit feinen Zügen, einem gepflegten Schnurrbart. Er wog 144 Pfund, hatte mit siebzehn seine erste Meisterschaft gewonnen. Sugar Ray Leonard war kaum schwerer, aber er schien ihn zu überragen, bewegte sich nicht. Die Männer trafen in der Mitte des Rings aufeinander. Kein Laut war zu hören. Die Menge im Fernsehen, die Bewohner in der Höhle hielten den Atem an, als die Boxer sich musterten, einander umkreisten, geschmeidig, ihre Blicke ineinandergebohrt.

In der dritten Runde warf Leonards schneller Haken Benitez auf die Bretter. Innerhalb einer Sekunde war er wieder auf den Beinen, lächelnd wie ein Kind. Beschämt. Das hätte mir nicht passieren dürfen. In diesem Moment wollten die Männer in der Höhle, dass er gewann.

Niemand rührte sich, nicht einmal während der Werbung. Sam rollte während des gesamten Kampfes Zigaretten, verteilte sie. Milton kam in der sechsten Runde an den Rand der Höhle, gerade als Benitez einen Schlag auf die Stirn bekam, seine einzige Wunde während des Kampfes. Milton sah das Blut in den Augen aller gespiegelt, in ihrem Schweiß.

»Klar, dass ihr einen Verlierer unterstützt«, sagte er.

»Ruhe! Achte Runde.«

»Komm schon, Junge, geh bloß nicht zu Boden.«

Sie baten Benitez nicht darum, zu gewinnen, nur darum, im Kampf zu bleiben. Das tat er, er blieb. Er wich in der neunten Runde hinter einen Jab zurück, dann trieb ihn ein linker Haken in die Seile und ein rechter schlug ihm das Mundstück weg.

Zehnte, elfte, zwölfte Runde, dreizehnte Runde, vierzehnte Runde. Er blieb. Niemand in der Höhle sprach. Sam war eingeschlafen.

Die Glocke schlug zur letzten Runde. Die Arena war so still, dass man Sugar Ray Leonard flüstern hörte: »O Gott, der steht immer noch.«

Aber Benitez rechtes Knie berührte den Ringboden. Flüchtig, wie ein Katholik, der die Kirchenbank verlässt. Die winzige Ehrerbietung, die bedeutete, dass der Kampf vorbei war; er hatte verloren.

Carlotta flüsterte: »Lieber Gott, hilf mir.«

Hier ist es Samstag

Die Fahrt von der Stadt ins Bezirksgefängnis führt an den Bergkuppen über der Bucht entlang. Die Straße ist von Bäumen gesäumt, und an diesem letzten Morgen war es neblig, wie auf einem alten chinesischen Gemälde. Nur das Geräusch der Reifen und der Scheibenwischer. Unsere Fußketten klangen wie orientalische Instrumente, und die Gefangenen in orangefarbenen Overalls schwankten gegeneinander wie tibetanische Mönche. Sie lachen. Na ja, ich auch. Ich war der einzige Weiße im Bus, und ich wusste, keiner von den Typen war der Dalai Lama. Aber es war schön. Vielleicht lachte ich, weil ich mir albern vorkam bei diesen Gedanken. Karate Kit hörte mich lachen. Der alte Chaz hat sich endgültig blöd gesoffen. Meistens kommen jetzt Männer ins Gefängnis, die noch Kinder sind, wegen Crack. Sie schikanieren mich nicht, denken, ich bin nur ein alter Hippie.

Auf den ersten Blick sieht das Gefängnis überwältigend aus. Nach einem langen Anstieg erreicht man ein Tal inmitten der Hügel. Das Land war einmal der Sommersitz eines Millionärs namens Spreckles. Die Felder rings um das Bezirksgefängnis sehen aus wie die Anlagen eines französischen Schlosses. An diesem Tag blühten Hunderte japanische Pflaumenbäume. Blühende Quitten. Später kamen Felder voller Narzissen, dann Schwertlilien.

Vor dem Gefängnis gibt es eine Wiese mit einer Herde Büffel. Ungefähr sechzig Tiere. Sechs neue Kälber waren schon da. Aus irgendwelchen Gründen werden alle kranken Büffel der USA hierhergebracht. Tierärzte behandeln und beobachten sie. Man weiß, wer zum ersten Mal im Bus sitzt, weil sie immer alle durchdrehen. »Wow! Verdammt noch mal! Kriegen wir hier Büffelfleisch? Guck dir diese Viecher an!«

Das Gefängnis und der Frauenknast, der Autohändler und die Gewächshäuser. Keine Menschen, keine anderen Häuser, es ist, als wäre man auf einmal in einer uralten Prärie, erleuchtet von Sonnenstrahlen im Dunst. Der Bluebird-Bus macht den Büffeln jedes Mal Angst, obwohl er einmal die Woche kommt. Sie fallen in einen Galopp, stürmen auf die grünen Hügel zu. Wie ein Tourist auf Safari hoffte ich, eine Zelle mit Aussicht auf die Felder zu bekommen.

Wir wurden vom Bus in einen Haftraum im Keller gebracht, wo wir auf die Aufnahme warteten. Eine lange Wartezeit und noch eine Anusuntersuchung. »Chaz, lach jetzt nicht«, sagte Karate Kid. Er sagte mir, dass CD hier sei, dass er verletzt worden war. Knastsprache ist wie Spanisch. Die Tasse zerbricht sich selbst. Du verletzt deine Bewährungsauflagen nicht. Die Polizei verletzt dich.

Die Sunnyvale-Gang hat das Schlitzauge erschossen. Davon hatte ich noch nichts gehört. Ich wusste, dass CD seinen Bruder Chink geliebt hatte, einen mächtigen Dealer im Mission District. »Heftig«, sagte ich.

»Kein Scheiß. Als die Polizei kommt, sind alle weg, außer CD, der da sitzt und den Kopf von Schlitzauge hält. Alles, was sie gegen ihn hatten, war Verletzung der Auflagen. Sechs Monate. Er wird vielleicht drei absitzen. Dann nimmt er sich die Wichser vor.«

Ich hatte Glück und kam auf die dritte Etage (aber ohne

Aussicht), in eine Zelle mit zwei mürrischen Kids und Karate, den ich von der Straße kannte. Nur drei andere Weiße auf der Etage, also war ich froh, dass Karate bei mir war. Die Zellen waren für zwei Leute gedacht. Normalerweise sind sechs Männer darin; nächste Woche würden wir zwei weitere bekommen. Kid würde seine Zeit damit verbringen, Gewichte zu heben und Kicks und Ausfallschritte zu trainieren, wie üblich.

Als wir herkamen, war Mac der leitende Deputy. Er nervte mich immer mit seinem Anonyme-Alkoholiker-Gefasel. Er weiß allerdings, dass ich gern schreibe, besorgte mir einen gelben Block und einen Stift. Sagte, er hätte gesehen, dass ich wegen Einbruch und Diebstahl saß und eine Weile bleiben würde. »Vielleicht machst du diesmal die vierte Stufe, Chaz.« Da gibt man alle Fehler zu.

»Bring mir lieber noch zehn Tabletten«, sagte ich zu ihm.

Alles, was man über Gefängnisse sagen kann, ist ein Klischee. Demütigung. Das Warten, die Brutalität, der Gestank, das Essen, die Endlosigkeit. Unmöglich, den andauernden, ohrenbetäubenden Lärm zu beschreiben.

Zwei Tage lang hatte ich schlimme Zitterkrämpfe. Eines Nachts muss ich einen Anfall gehabt haben, wenn mich nicht fünfzig Kerle im Schlaf zusammengeschlagen haben. Blutige Lippe, ein paar fehlende Zähne, überall blaue Flecken. Hab versucht, aufs Krankenrevier zu kommen, aber keiner der Wärter hat sich drauf eingelassen.

»Das musst du nie wieder durchmachen«, sagte Mac.

Wenigstens durfte ich in meiner Koje bleiben. CD war auf einer anderen Etage, aber während der Bewegung im Freien konnte ich ihn unten im Hof sehen, wie er mit anderen Typen rauchte, zuhörte, während sie lachten. Meistens lief er allein herum.

Komisch, welche Macht manche Leute haben. Die gemeinsten Schweinehunde da draußen beugten sich ihm, schon dadurch, dass sie ihm Platz machten, wenn er vorbeikam. Er ist nicht riesig wie sein Bruder, hat aber dieselbe kühle Kraft. Ihre Mutter war chinesisch, ihr Vater schwarz. CD hat einen langen Zopf, der ihm über den Rücken fällt. Er hat eine unwirkliche Hautfarbe, wie eine alte Sepiafotografie, Schwarztee mit Milch.

Manchmal erinnert er mich an einen Massaikrieger, manchmal an einen Buddha oder einen Gott der Maya. Er kann eine halbe Stunde einfach dastehen, reglos, ohne zu blinzeln. Er besitzt die ruhige Gleichmut eines Gottes. Wahrscheinlich hör ich mich an wie ein Spinner oder eine Schwuchtel. Wie auch immer, diese Wirkung hat er auf alle.

Ich habe ihn im Bezirksgefängnis kennengelernt, als er gerade achtzehn wurde. Es war unser erstes Mal im Knast. Ich habe ihn heißgemacht auf Bücher. Bei Stephen Cranes *Im Rettungsboot* verliebte er sich zum ersten Mal in Worte. Jede Woche kam der Typ von der Bibliothek, und wir gaben unsere Bücher zurück und bekamen neue. Latinos haben eine ausgefeilte Zeichensprache, die sie hier drin benutzen. Ich und CD fingen an, in Büchern zu sprechen. *Verbrechen und Strafe, Der Fremde,* Elmore Leonard. Ich war in einer anderen Welt, wenn er das auch war, und da fing er an, mich auf andere Autoren heißzumachen.

Draußen auf der Straße traf ich ihn manchmal. Er gab mir immer Geld, was peinlich war, aber ich bettelte, also sagte ich nie Nein. Wir saßen auf der Bank an einer Bushaltestelle und redeten. CD hat mittlerweile mehr gelesen als ich. Er ist zweiundzwanzig. Ich bin zweiunddreißig, aber die Leute denken immer, ich wäre viel älter. Ich fühle mich wie etwa sechzehn. Seitdem bin ich immer betrunken gewesen, also ist eine Menge an mir vorbeigegangen. Ich habe Watergate verpasst, Gott sei Dank. Ich rede noch immer wie ein Hippie, sage Sachen wie »groovy« und »was für ein Trip«.

Willie Clampton weckte mich, indem er an mein Gitter schlug, als die ganze Etage vom Hof zurückkam. »Hey, Chaz, was ist los? CD sagt, willkommen zu Hause.«

»Und, wie war's bei dir so, Willie?«

»Cool. Noch 'n paar mehr *Soul-Train*-Shows, und ich bin raus. Ihr Jungs müsst euch zum Schreibkurs anmelden. Die haben jetzt anständige Kurse hier. Musik, Töpfern, Theater, Malen. Sogar vom Frauenknast lassen sie sie rüberkommen. Will sagen, Kid, Dixie ist auch im Kurs. Ich schwör's.«

»Nie im Leben. Was macht Dixie im Bezirksgefängnis?«

Karate Kid war früher mal Dixies Zuhälter gewesen. Jetzt hatte sie ihr eigenes feministisches Unternehmen aufgezogen, Mädchen und Koks für die ganz großen Anwälte, die Gefängnisaufseher. Egal, wofür sie einsaß, sie war bald wieder draußen. Sie war ungefähr vierzig, sah aber immer noch gut aus. Auf der Straße würde man sie für eine halten, die bei Neiman Marcus einkaufte. Sie tat immer so, als ob sie mich nicht kannte, gab mir aber immer fünf oder zehn Dollar und ein breites Grinsen. »Junger Mann, kaufen Sie sich davon ein gutes, gesundes Frühstück.«

»Und, was hast du geschrieben?«

»Geschichten. Rap. Gedichte. Hör zu:

Polizeiautos rollen Heck an Heck
Es ist ihnen egal,
denn es ist black on black
Und
Zwei nasse Zuckerstücke
für eine Zigarette.
Volltreffer.«

Karate und ich lachten. »Macht nur weiter, ihr Scheißkerle, lacht ruhig. Zieht euch das rein.«

Scheiße, wenn das nicht ein Sonett von Shakespeare war, was er da rezitierte. Willie. Seine tiefe Stimme über dem Wahnsinn des Gefängnislärms.

»Soll ich vergleichen einem Sommertage dich der du lieblicher und milder bist?«

»Die Lehrerin ist weiß, alt. Alt wie meine Großmutter, aber sie ist cool. Ferragamo-Stiefel. Als sie am ersten Tag reinkam, trug sie Chanel. Sie konnte es nicht fassen, dass ich das erkannte. Jetzt trägt sie immer was anderes. Ich kenne sie alle. Opium, Ysatis, Joy. Das Einzige, wo ich falschlag, war Fleurs de Rocaille.«

Klang, als würde er es perfekt aussprechen. Karate und ich lachten uns schlapp über ihn und sein Fleurs de Rocaille.

Im Grunde ist Lachen eines der Geräusche, die man oft im Gefängnis hört.

Das ist nicht das Durchschnittsgefängnis. Ich war in normalen Gefängnissen, in Santa Rita, Vacaville. Ein Wunder, dass ich noch lebe. Das Bezirksgefängnis Nr. 3 haben sie in *60 Minuten* gezeigt, weil es so fortschrittlich ist. Computerausbildung, Mechanikerlehre, Drucken. Eine berühmte Pflanzenzucht. Mit dem Grünzeug beliefern wir *Chez Panisse*, Stars, andere Restaurants. Dort habe ich meinen Highschoolabschluss nachgeholt.

Der Gefängnisleiter, Bingham, ist echt anders. Zum einen ist er ein Exknacki. Hat seinen Vater umgebracht und lange dafür gesessen. Als er rauskam, studierte er Jura, beschloss, das Gefängnissystem zu verändern. Er versteht was vom Knast.

Heutzutage hätte er Bewegung im Freien gehabt, einen Selbstverteidigungskurs nehmen können, weil er missbraucht worden war. Verdammt, ich könnte bei vorsätzlichem Mord glimpflich davonkommen, wenn ich den Geschworenen nur was von meiner Mutter erzähle. Geschichten über meinen Vater, und ich könnte der verdammte Zodiac-Killer sein.

Sie werden ein neues Gefängnis neben diesem hier bauen. Bingham sagt, in diesem Knast ist es wie auf der Straße. Die gleiche Machtstruktur, das gleiche Verhalten, Gewalt, Drogen. Mit dem neuen Gefängnis wird sich das alles ändern. Dahin willst du dann nicht mehr zurück, sagt er. Mal ehrlich, ein Teil von dir will doch immer wieder hier rein, ein bisschen ausruhen.

Hab mich für den Kurs angemeldet, nur um CD zu sehen. Mrs. Bevins sagte, dass CD ihr von mir erzählt habe.

»Der alte Spriti? Wette, dass du viel von mir gehört hast. Ich bin Karate Kid. Bring Schwung in die Stube, Leben in die Bude.«

Ein Autor namens Jerome Washington hat über diese Art Onkel-Tom-Gequatsche geschrieben. Jive-Slang mit Weißen reden. Sachen wie »Isch bin so reisch, isch hab Geld in beide Schuhe«. Stimmt, wir lieben das. Die Lehrerin lachte.

»Ignorieren Sie ihn einfach«, sagte Dixie. »Er ist unverbesserlich.«

»Keine Chance, Mama. Da kannst du mich ermutigen, wie du willst.«

Mrs. Bevins ließ mich und Karate Kid einen Fragebogen ausfüllen, während die anderen ihre Texte laut vorlasen. Ich dachte, die Fragen würden sich auf unsere Ausbildung und das Strafregister beziehen, aber da standen Dinge wie »Beschreiben Sie Ihr ideales Zimmer« oder »Sie sind ein Baumstumpf. Beschreiben Sie sich selbst als einen Baumstumpf«.

Wir kritzelten vor uns hin, aber ich hörte Marcus zu, der eine Geschichte vorlas. Marcus ist ein brutaler Typ, Indianer, ein echter Schwerverbrecher. Aber seine Geschichte war gut, über ein Kind, das zusieht, wie sein Vater von ein paar Prolls zusammengeschlagen wird. Sie hieß: »Wie ich ein Cherokee wurde«.

»Das ist eine schöne Geschichte«, sagte sie.

»Die Geschichte ist beschissen. Sie war beschissen, als ich sie zum ersten Mal irgendwo las. Ich kannte meinen Vater nicht. Ich dachte mir, das ist der Scheiß, den Sie von uns wollen. Wette, Sie haben sich vollgepisst darüber, wie Sie uns unglücklichen Opfern der Gesellschaft dabei helfen, mit unseren Gefühlen in Kontakt zu kommen.«

»Ich scheiß auf Ihre Gefühle. Ich bin hier, um Schreiben zu unterrichten. Tatsache ist, dass man lügen kann und trotzdem die Wahrheit sagt. Diese Geschichte ist gut, und sie klingt wahr, egal, wie sie entstanden ist.«

Während sie sprach, wich sie zur Tür zurück. »Ich hasse Opfer«, sagte sie. »Ich möchte ganz bestimmt nicht Ihres werden.« Sie öffnete die Tür, sagte den Wärtern, sie sollten Marcus auf seine Etage bringen.

»Wenn dieser Kurs gut läuft, werden wir einander auf Leben und Tod vertrauen«, sagte sie. Sie erklärte mir und Karate, dass die Aufgabe darin bestanden hatte, über Schmerz zu schreiben. »Bitte lesen Sie Ihre Geschichte, CD.«

Als er mit dem Lesen fertig war, lächelten Mrs. Bevins und ich einander an. CD lächelte auch. Das erste Mal, dass ich ihn wirklich lächeln sah, kleine weiße Zähne. Die Geschichte handelte von einem jungen Mann und einem Mädchen, die ins Schaufenster eines Ramschladens in North Beach schauten. Sie reden über das Zeug, ein altes Gemälde von einer Braut, ein Paar kleine Schuhe, ein bestícktes Kissen.

Wie er das Mädchen beschrieb, ihre dünnen Handgelenke, die blaue Ader an ihrer Stirn, ihre Schönheit und Unschuld, das brach einem das Herz. Kim weinte. Sie ist eine junge Hure aus dem Tenderloinviertel, eine gemeine kleine Schlampe.

»Ja, es ist cool, aber da geht's nicht um Schmerz«, sagte Willie.

»Ich hab Schmerz gespürt«, sagte Kim.

»Ich auch«, sagte Dixie. »Ich würde töten dafür, dass mich jemand so sieht.«

Alle diskutierten, sagten, es ginge um Glück, nicht um Schmerz.

»Es geht um Liebe«, sagte Daron.

»Liebe? Absolut nicht. Der Kerl fasst sie nicht mal an.«

Mrs. Bevins sagte, wir sollten auf die vielen Erwähnungen von Toten achten.

»Der Sonnenuntergang spiegelt sich im Glas. Alle Bilder erzählen von der Zerbrechlichkeit des Lebens und der Liebe. Diese winzigen Handgelenke. Der Schmerz liegt in dem Bewusstsein, dass das Glück nicht von Dauer ist.«

»Yeah«, sagte Willie, »außer, dass er es sich in dieser Geschichte neu einverleibt.«

»Was sachste, Nigger?«

»Ist von Shakespeare, Bruder. Das, was Kunst macht. Sie friert sein Glück ein. CD kann es immer zurückhaben, er muss nur die Geschichte lesen.«

»Yeah, aber deswegen wird er es nicht. Glücklich.«

»Du hast es auf den Punkt gebracht, Willie. Ich sage euch, dieser Kurs versteht mehr als alle, die ich je unterrichtet habe«, sagte sie. Ein andermal sagte sie, dass es keinen großen Unterschied gibt zwischen der Denkweise eines Verbrechers und der eines Dichters. »Es geht darum, die Realität besser zu machen, deine eigene Wahrheit zu finden. Sie haben ein Auge fürs Detail. Nach zwei Minuten in einem Zimmer haben Sie alles und jeden unter die Lupe genommen. Sie alle können eine Lüge wittern.«

Die Kurse dauerten vier Stunden. Wir redeten beim Schreiben, zwischen den Lesungen unserer Texte oder der Texte, die sie vorlas. Redeten mit uns selbst, mit ihr, miteinander. Shabazz sagte, es würde ihn an die Sonntagsschule als Kind erinnern, als er Bilder von Jesus ausgemalt hatte und sich dabei wie hier leise unterhalten hatte. Shabazz ist ein religiöser Fanatiker, sitzt ein, weil er seine Frau und die Kinder geschlagen hat. Seine Gedichte waren eine Mischung aus Rap und Hohelied.

Der Schreibkurs veränderte meine Freundschaft mit Karate Kid. Wir schrieben jede Nacht in unserer Zelle und lasen uns unsere Geschichten vor, wechselten uns mit Vorlesen ab. Baldwins *Sonnys Blues.* Tschechows *Schlafen.*

Nach dem ersten Tag war ich nicht mehr befangen, las laut *Mein Baumstumpf.* Mein Baumstumpf war der einzige, der in einem abgebrannten Wald übrig geblieben war. Er war schwarz und tot, und wenn der Wind blies, bröckelten verkohlte Stücke ab und fielen auf den Boden.

»Was haben wir hier?«, fragte sie.

»Klinische Depression«, sagte Daron.

»Wir haben hier einen ausgebrannten Hippie«, sagte Willie. Dixie lachte. »Ich sehe ein sehr schlechtes Körperbild.« – »Es ist gut geschrieben«, sagte CD. »Ich habe wirklich gespürt, wie öde und hoffnungslos alles ist.«

»Stimmt«, sagte Mrs. Bevins. »Oft wird gesagt, ›sag die Wahrheit‹, wenn du schreibst. Eigentlich ist es schwer, zu lügen. Die Aufgabe scheint albern … ein Baumstumpf. Aber das ist tief empfunden. Ich sehe einen Alkoholiker, der krank und müde ist. Der Stumpf ist so, wie ich ihn beschrieben hätte, bevor ich mit dem Trinken aufhörte.«

»Wie lange waren Sie nüchtern, ehe Sie sich besser fühlten?«, fragte ich sie. Sie sagte, es funktioniere genau andersherum. Zuerst müsse ich glauben, dass ich kein hoffnungsloser Fall sei, dann könne ich aufhören.

»Wow«, sagte Daron, »wenn ich mir diesen Scheiß anhören will, melde ich mich bei den Anonymen Alkoholikern an.«

»Tut mir leid«, sagte sie. »Aber tun Sie mir einen Gefallen. Bitte antworten Sie nicht laut, keiner von Ihnen. Fragen Sie sich, ob Sie das letzte Mal, oder die letzten Male, als Sie, wofür auch immer, verhaftet wurden, high waren von Drogen oder Alkohol.« Stille. Erwischt. Alle lachten. Dwight sagte: »Ihr kennt doch diese Gruppe, MGTAS, Mütter gegen Trunkenheit am Steuer? Wir haben unsere eigene Gruppe, TGM. Trunksüchtige gegen Mütter.«

Einige Wochen nachdem ich angekommen war, kam Willie raus. Es war traurig, ihn gehen zu sehen. Zwei der Frauen gerieten in eine Schlägerei, sodass nur noch Dixie, Kim und Casey übrig waren, und sechs Männer. Sieben, als Vee de la Rangee Willies Platz übernahm. Ein mickriger, pickliger hässlicher Transvestit mit blond gefärbter Dauerwelle, schwarzen Haarwurzeln. Er trug den Plastikverschluss einer Brottüte als Nasenring, etwa zwanzig davon an jedem Ohr. Daron und Dwight sahen aus, als wollten sie ihn umbringen. Er sagte, er habe ein paar Gedichte geschrieben. »Lies eines vor.«

Es war eine opulente, brachiale Fantasie über die Heroinwelt der Drags. Nachdem er gelesen hatte, sagte niemand etwas. Schließlich sagte CD: »Das ist ein starker Scheiß. Lass uns noch mehr hören.« Als würde CD allen die Erlaubnis geben, diesen Typen zu akzeptieren. Für Vee war das ein Anfang, und als der nächste Kurs stattfand, war er schon zu Hause. Man sah, wie viel es ihm bedeutete, gehört zu werden. Verdammt, mir ging es genauso. Einmal traute ich mich sogar, darüber zu schreiben, wie mein Hund gestorben war. Es war mir auch egal, ob sie lachten, aber keiner lachte.

Kim schrieb nicht so viel. Eine Menge reumütiger Gedichte über das Kind, das ihr weggenommen worden war. Dixie schrieb sardonische Sachen zum Thema »Liebe dein Laster«. Casey war großartig. Sie schrieb über Heroinsucht. Das ging mir echt an die Nieren. Die meisten Typen hier drin verkauften Crack, aber entweder nahmen sie selbst zu wenig oder waren zu jung, um zu wissen, was die jahrelange freiwillige Rückkehr in die Hölle mit dir anrichten kann. Mrs. Bevins wusste es. Sie redete nicht oft darüber, aber es genügte, um den Eindruck zu erwecken, dass es ziemlich cool war, damit aufzuhören.

Alle von uns schrieben ein paar gute Sachen. »Das ist großartig«, sagte Mrs. Bevins einmal zu Karate. »Du wirst jede Woche besser.«

»Ungelogen? Dann bin ich so gut wie CD, Frau Lehrerin?«

»Schreiben ist kein Wettkampf. Du kannst deine Arbeit nur immer noch besser machen.«

»Aber CD ist Ihr Liebling.«

»Ich habe kein Schoßkind. Ich habe vier Söhne. Für jeden habe ich andere Gefühle. Und genauso ist es mit euch Jungs.«

»Aber uns sagen Sie nie, wir sollen zur Schule gehen, ein Stipendium kriegen. Nur bei ihm kommen Sie damit, dass er sein Leben ändern soll.«

»Sie macht das mit uns allen«, sagte ich, »außer mit Dixie. Aber sie macht das subtil. Wer weiß, vielleicht werde ich trocken. Wie auch immer, CD ist der Beste. Das wissen wir alle. Gleich am ersten Tag, als ich herkam, hab ich ihn unten im Hof gesehen. Wisst ihr, was ich dachte? Ich dachte, er sieht aus wie ein Gott.«

»Was Gott betrifft, bin ich mir nicht so sicher«, sagte Dixie. »Aber er hat das Zeug zum Star. Stimmt's, Mrs. Bevins?«

»Macht mal halblang«, sagte CD.

Mrs. Bevins lächelte. »Okay. Ich geb's zu. Ich glaube, jeder Lehrer bekommt so etwas manchmal mit. Es ist nicht einfach Intelligenz oder Talent. Es ist ein Adel des Geistes. Eine Eigenschaft, die ihn groß machen kann in allem, was er tun möchte, ganz egal, was.«

Wir waren still. Ich glaube, alle von uns stimmten ihr zu. Aber wir hatten Mitleid mit ihr. Wir wussten, was er tun wollte, was er tun würde.

Wir gingen wieder an die Arbeit, wählten Texte für unsere Zeitschrift aus. Sie würde sie abtippen lassen, und die Gefängnisdruckerei würde sie drucken.

Sie und Dixie lachten. Beide liebten Klatsch. Gerade bewerteten sie einige der Aufseher. »Er ist der Typ, der seine Socken anlässt«, sagte Dixie. »Stimmt. Und vorher Zahnseide benutzt.«

»Wir brauchen mehr Prosa. Probieren wir das als Aufgabe für die nächste Woche, mal sehen, was Ihnen einfällt.« Sie teilte eine Liste mit Titeln aus Raymond Chandlers Notizbuch aus. Wir sollten uns jeder einen aussuchen. Ich nahm *Wir mochten Al.* Casey gefiel *Zu spät, um zu lächeln.* CD mochte *Hier ist es Samstag.* »Eigentlich«, sagte er, »sollten wir unsere Zeitschrift so nennen.«

»Geht nicht«, sagte Kim. »Wir haben Willie versprochen, dass wir seinen Titel nehmen: *Durch ein Katzenauge.*«

»Okay, ich möchte, dass Sie zwei oder drei Seiten schreiben, die zu einer Leiche führen. Zeigen Sie uns die Leiche nicht. Erzählen Sie uns nicht, dass es eine Leiche geben wird. Beenden Sie die Geschichte damit, dass wir wissen, es wird eine Leiche geben. Verstanden?«

»Verstanden.«

»Es wird Zeit, meine Herren«, sagte der Wärter und öffnete die Tür. »Kommen Sie her, Vee.« Sie besprengte ihn mit Parfüm, bevor sie ihn wieder hochschickte. Die Etage der Homosexuellen war ziemlich elend. Die Hälfte waren alte, senile Alkis, der Rest Schwule.

Ich schrieb eine großartige Geschichte. Sie erschien in der Zeitschrift, und ich lese sie immer noch wieder und wieder. Es ging um Al, meinen besten Freund. Er ist mittlerweile tot. Allerdings sagte sie, ich hätte die Aufgabe nicht ganz richtig erfüllt, weil ich davon erzählte, wie ich und die Vermieterin die Leiche von Al fanden.

Kim und Casey schrieben die gleiche schreckliche Geschichte. Kims handelte von ihrem Alten, der sie schlug, Caseys von einem sadistischen John. Man wusste, sie würden die Typen am Ende umbringen. Dixie schrieb eine gute Geschichte über eine Frau in Einzelhaft. Sie hat einen wirklich schlimmen Asthmaanfall, aber niemand hört sie. Die schreckliche Angst und das pechschwarze Dunkel. Dann gibt es ein Erdbeben. Ende.

Man kann sich unmöglich vorstellen, wie es ist, während eines Erdbebens im Gefängnis zu sein.

CD schrieb über seinen Bruder. Die meisten Geschichten von CD drehten sich um ihn, als sie klein waren. Die Jahre, als sie in verschiedenen Heimen voneinander getrennt waren. Wie sie sich durch Zufall in Reno wiederfanden. Diese Geschichte spielte im Stadtteil Sunnyvale. Er las sie mit ruhiger Stimme. Keiner von uns rührte sich. Es ging um den Nachmittag und den Abend vor Chinks Tod. Die Einzelheiten des Aufeinandertreffens der beiden Gangs. Es hörte mit Schüssen aus Uzis auf und wie CD um die Ecke biegt.

Die Härchen an meinem Arm hatten sich aufgerichtet.

Mrs. Bevins war blass. Niemand hatte ihr gesagt, dass CDs Bruder tot war. Sein Bruder wurde in der Geschichte mit keinem Wort erwähnt. So gut war sie. Die Geschichte war so straff und schillernd, dass es nur ein Ende geben konnte. Es war still im Raum, bis Shabazz schließlich sagte: »Amen.« Der Wärter öffnete die Tür. »Es wird Zeit, meine Herren.« Die anderen Wärter warteten auf die Frauen, während wir der Reihe nach hinausgingen.

CD sollte zwei Tage nach Kursende entlassen werden. Die Zeitschrift würde am letzten Tag erscheinen, und es würde eine große Party geben. Eine Kunstausstellung und Musik von den Gefangenen. Casey, CD und Shabazz würden lesen. Alle würden eine Ausgabe von *Durch ein Katzenauge* bekommen.

Wir waren alle aufgeregt wegen der Zeitschrift, aber keiner von uns hatte gewusst, wie es sich anfühlte. Unsere Arbeit gedruckt zu sehen. »Wo ist CD?«, fragte sie. Wir wussten es nicht. Sie gab jedem von uns zwanzig Exemplare. Wir lasen unsere Texte laut vor, applaudierten einander. Dann saßen wir einfach da, lasen unsere eigenen Texte immer wieder uns selbst vor.

Wegen der Party dauerte die Sitzung nicht lange. Ein Knäuel Aufseher kam herein und öffnete die Türen zwischen unserem Raum und dem des Kunstkurses. Wir halfen beim Aufstellen der Tische fürs Essen. Schön sahen die Stapel unserer Zeitschrift aus. Grün auf der lilafarbenen Papiertischdecke. Jungs vom Gartenbau brachten große Blumensträuße herein. Gemälde der Kursteilnehmer waren an der Wand, Skulpturen auf Sockeln. Eine Band baute auf.

Zuerst spielte die eine Band, dann kam unsere Lesung, und dann spielte die andere Band. Die Lesung lief gut, und die Musik war großartig. Die Jungs aus der Küche brachten Essen und alkoholfreie Getränke, und alle stellten sich an. Dutzende

Wärter waren da, aber auch sie schienen Spaß zu haben. Sogar Bingham war da. Alle waren da, außer CD.

Sie redete mit Bingham. Er ist so cool. Ich sah, wie er nickte und einen Wärter zu sich rief. Ich wusste, dass Bingham ihm sagte, er solle sie auf die Etage gehen lassen.

Sie war nicht lange weg, trotz der vielen Treppen und sechs verschlossenen Stahltore. Sie setzte sich hin, sah aus, als wäre ihr übel. Ich brachte ihr eine Dose Pepsi.

»Haben Sie mit ihm geredet?«

Sie schüttelte den Kopf. »Er lag unter einer Decke, reagierte nicht. Ich habe ihm die Zeitschriften durch das Gitter geschoben. Es ist schrecklich da oben, Chaz. Sein Fenster ist kaputt, es regnet rein. Der Gestank. Die Zellen sind so schmal und dunkel.«

»Hey, es ist jetzt himmlisch da oben. Niemand ist da. Stellen Sie sich diese Zellen mit sechs Typen drin vor.«

»Fünf Minuten, meine Herren!«

Dixie, Kim und Casey umarmten sie zum Abschied. Von uns Jungs sagte keiner Auf Wiedersehen. Ich konnte sie nicht mal angucken. Ich hörte sie sagen: »Pass auf dich auf, Chaz.«

Mir wird gerade klar, dass ich die letzte Aufgabe noch einmal mache. Und ich mache es immer noch falsch, erwähne die Leiche, erzähle, dass sie CD an dem Tag, als er das Bezirksgefängnis verlassen sollte, getötet haben.

Von der Leiche keine Spur

Ein Nachwort von Antje Rávic Strubel

»Zeigen Sie uns die Leiche nicht. Erzählen Sie uns nicht, dass es eine Leiche geben wird. Beenden Sie die Geschichte damit, dass wir wissen, es wird eine Leiche geben.« So verlangt es Mrs. Bevins von ihren Schreibschülern im kalifornischen Gefängnis, und so forderte es Lucia Berlin möglicherweise von sich selbst.

Der vorliegende Erzählungsband beginnt und endet mit einer Geschichte über das Schreiben. *Eine Frage der Perspektive* erzählt davon, wie sich das Alter Ego der Autorin und ihre Figur Henrietta wechselseitig entzünden. Wie viel ist echt, wie viel erfunden? Oder bringt das Wort auf der beschlagenen Fensterscheibe Henrietta und ihre Erfinderin gemeinsam hervor? In der Erzählung *Hier ist es Samstag* lehrt Mrs. Bevins die Gefängnisinsassen, dass es beim Schreiben darum gehe, »die Realität besser zu machen« und die »eigene Wahrheit zu finden«.

Schon für den ersten auf Deutsch erschienenen Erzählungsband von Lucia Berlin habe ich in Abstimmung mit dem Verlag einen narrativen Rahmen gewählt. *Was ich sonst noch verpasst habe* beginnt und endet mit einer Geschichte, in der die Ich-Erzählerin als alte Frau auf ihr Leben zurückblickt. Dieser Blick spiegelt unseren Blick als Lesende wider; auch wir schauen hier auf das Lebenswerk einer großen Autorin, die erst seit 2015, mehr als zehn Jahre nach ihrem Tod, von einer breiten Öffentlichkeit entdeckt und gefeiert wird. Berlin datierte ihre Geschichten nicht. Sie schrieb sporadisch, immer wieder unterbrochen von Jobs als Krankenschwester, Telefonistin, Putzfrau und Spanischlehrerin, mit denen sie sich und ihre vier Söhne über Wasser hielt, von Phasen der Alkoholabhängigkeit, von ihrer lebenslangen Krankheit Skoliose. Hatte sie genug Erzählungen beisammen, veröffentlichte sie sie in kleinen Verlagen; die letzten drei Bände erschienen bei der literarisch renommierten Black Sparrow Press. Eine thematische oder inhaltliche Ordnung nahm sie nicht vor, und da sie zu Lebzeiten nur ein kleines Publikum hatte, war sie nie aufgefordert, darüber Auskunft zu geben.

Allein das offene Schreibverfahren Lucia Berlins steht schon einer chronologischen Sortierung ihrer Erzählungen entgegen. Sie schrieb an einem einzigen urwüchsigen Text, der sich in einzelnen Geschichten niederschlägt. Es ist ein Geflecht voller Brüche, zusammengehalten durch Figuren und Orte – diesmal vor allem New Mexico, Chile, Mexiko und Kalifornien –, von denen viele mehrmals auftauchen, oft leicht verändert. Sie sehen anders aus, tragen andere Namen, begegnen uns zu einer anderen Zeit. Die Figur aus einer Geschichte scheint in der Figur einer anderen flüchtig auf oder tritt uns zu einem anderen Zeitpunkt ihres Lebens gegenüber, wie Carlotta, die aus dem ersten Band bekannte alkoholabhängige Lehrerin, die hier gleich zwei Auftritte hat. Selbst in Mrs. Bevins ist Carlotta schattenhaft wiederzuerkennen. Figuren und Orte sind es, die die Erzählungen untergründig (und nicht dramaturgisch stringent) miteinander verknüpfen.

Das Augenmerk dieses zweiten, nun auf Deutsch erscheinenden Bandes wird durch den Rahmen auf das Schreiben selbst gelenkt. Wie arbeitete Lucia Berlin, die von sich einmal sagte, sie schreibe, »um eine Wirklichkeit, einen Ort zu finden«? Warum sind die Figuren dieser Erzählungen, die in der zweiten Hälfte des vorigen Jahrhunderts entstanden, so zum Greifen nah, als hinterließen sie beim Lesen einen Abdruck in der Luft?

Da sind zunächst die Orte, reale Orte, die sich Lucia Berlin mit dem Blick der Außenstehenden, der Vorüberziehenden erschloss. Sie war eine, die unterwegs war, rastlos. Mehrmals durchquerte sie in ihrem Leben den westlichen Teil des amerikanischen Kontinents von einem Pol zum anderen.

Als Dreijährige brach sie mit den Eltern von Alaska, ihrem Geburtsort, auf, um über Stationen in Montana, Arizona und dem texanischen El Paso schließlich nach Chile zu gehen, wo ihr Vater mit dem Handel von Erz zu Geld kam. Als Jugendliche erlebte sie soziale Verwahrlosung mitten im Reichtum der südamerikanischen Oberschicht. Den sicheren Ort eines Elternhauses hatte sie als Tochter einer Alkoholikerin nie kennengelernt. Auch der Großvater war Alkoholiker, der zudem die Mutter und ihre Schwester missbrauchte. Mit neunzehn kehrte sie in die USA zurück, ging nach Albuquerque in New Mexico, um an der University of New Mexico zu studieren.

Für Menschen, die nirgends verortet sind, haben vorübergehende Wohnstätten eine größere Dringlichkeit, und sie prägen sich zuweilen tiefer ein. So wird Albuquerque zu einem wichtigen Handlungsort. Und wie jeder literarische Ort in Berlins Erzählungen ist er mit einer bestimmten Thematik verknüpft. In Albuquerque dreht sich alles um Abhängigkeit, die Abhängigkeit von Liebhabern, Dealern, Drogen, Alkohol. *Liebe Conchi* handelt vom Versuch, sich vom Einfluss der Eltern zu befreien, von Stereotypen, vom Blick der anderen auf alles Fremde, auch auf jene Fremde, die die Ich-Erzählerin nach Jahren im Ausland im eigenen Land wird. Lucia Berlin gestaltet die Stadt von den Rändern her, aus der Perspektive derjenigen, die nicht dazugehört. »Draußen zu sein, ist die einzige Kontinuität in meinem Leben«, sagte sie einmal. Interessanterweise war New Mexico auch für eine andere große Außenseiterin prägend: Georgia O'Keeffe hat dieser Landschaft eine ähnlich kraftvolle, den Nerv blank legende und vor Einsamkeit klirrende künstlerische Sprache abgerungen, wie in dem berühmten Gemälde *Cow's Skull* von 1931.

Von den realen Orten aus katapultierte sich Lucia Berlin in die Sprache hinein, um einen Satz zu finden, in dem sie bleiben konnte. Ein Satz »ist da, und er ändert sich nicht, und er bewegt sich nicht, und so wird er zu einem Ort für mich«. Dieser andere, sprachliche Ort war es, der ihr Sicherheit gab, an dem sie einmal nicht draußen war, sondern geborgen.

Nun weiß man, dass eine Landschaft mit einer Landkarte, die vor diese Landschaft gehalten wird, erst mal wenig zu tun hat. Um eine Landkarte zu erstellen, sind Maßstäbe und Übersetzungen und die Fähigkeit zu gestalten nötig. So ähnlich funktioniert das auch im Literarischen. Und doch muss die Nähe der Erzählungen zum Biografischen bei Lucia Berlin immer wieder lapidar als Begründung für die Eindrücklichkeit ihres Schreibens herhalten. In etwa so, als könne schon ein turbulentes, taffes Leben einstehen für die Meisterschaft eines Werkes. Das ist ein Kurzschluss, den Berlin in einem ihrer wenigen poetologischen Aussagen widerlegte: »Irgendwie muss eine unmerkliche Veränderung der Realität eintreten. Keine Verzerrung, sondern eine Umgestaltung der Wahrheit. Die Geschichte selbst wird zur Wahrheit, nicht nur für die Autorin, sondern für die Leserin. Das Aufregende an jedem guten literarischen Text ist nicht die Identifizierung mit einer Situation, sondern dieses Wiedererkennen der Wahrheit.«

Lucia Berlin lässt sich nicht mehr mit Aufnahmegerät und

Kamera in Boulder oder Los Angeles, den beiden Orten, an denen sie zuletzt lebte, besuchen und auf Übereinstimmungen mit ihren Ich-Erzählerinnen hin vermessen; für eine hübsche Homestory. Es gibt kaum biografische oder persönliche Notizen von ihr. Mit Dichtern wie August Kleinzahler oder Kenward Elmslie stand sie in regem Briefwechsel, von diesen Briefen sind bisher aber nur wenige zugänglich. Dennoch gibt es Beispiele, die verdeutlichen, wie sie vorging, um das Material, das Erfahrungen und Erlebnisse ihr zur Verfügung stellten, für ihre einzigartigen Sätze entzündlich zu machen.

Da ist beispielsweise Max aus der Erzählung *Bis später.* Max ist eine jener Figuren, in denen Buddy, Lucia Berlins dritter und letzter Ehemann, einen literarischen Widerhall findet. Man könnte auch sagen, Buddy ist der Glasrohling, den Berlin zum Glühen bringt, um unterschiedliche Gefäße entstehen zu lassen. In ihrer persönlichen Rückschau, an der sie bis zu ihrem Tod arbeitete und die unvollendet blieb, erinnert sie sich an ihn. 2016 wurden die letzten Seiten dieser Erinnerungen von einem ihrer Söhne unter dem Titel *Memories of Mexico* veröffentlicht. Es sind kunstvolle Momentaufnahmen mit autobiografischem Anspruch. Buddy Berlin, Jazzsaxofonist und Autohändler, heiratete sie mit fünfundzwanzig, Anfang der 1960er-Jahre, als sie bereits zwei Söhne hatte. Die Familie lebte zunächst in Mexiko, dann in New Mexico, zwei weitere Söhne kamen zur Welt. Es war eine unbeschwerte Zeit, vielleicht die unbeschwerteste für Lucia Berlin, sie reisten, besaßen ein rotes Kleinflugzeug. Aber Buddys Drogensucht führte 1968 zur Scheidung.

In den Erinnerungen heißt es: »Kurz nachdem wir nach Mexiko kamen, wachte ich eines Nachts auf, und Buddy lag nicht neben mir. Verschlafen ging ich ins Bad, wo ich ihn beim Heroinspritzen fand. Ich war nicht so schockiert, wie ich es gewesen wäre, wenn ich gewusst hätte, was Heroin war, was es bedeutete, abhängig zu sein.«

In der Geschichte *Bis später* wird ein ähnlicher Moment beschrieben:

»Eines Tages erwachte ich, bevor die Sonne aufging, und er war nicht da. Es war still im Zimmer. Er muss schwimmen gegangen sein, dachte ich. Ich ging ins Bad. Max saß auf der Toilette, kochte etwas in einem schwarz angelaufenen Löffel. Eine Spritze lag auf dem Waschbecken.

»Hallo«, sagte er.

»Max, was ist das?«

»Das ist Heroin«, sagte er.

Das ist so schlicht, als kämen die Gefühle der Ich-Figur nicht hinterher. Die Szene konzentriert sich auf den Vorgang der Entdeckung. Die differenzierte Aussage über den Schock, die im Erinnerungstext getroffen wird, bleibt außen vor. »Zeigen Sie uns die Leiche nicht«, mahnt Mrs. Bevins. Und tatsächlich: Von der Leiche keine Spur; die komplexe Tragödie, die sich hinter der Aussage »Das ist Heroin« verbirgt, wird durch die wertfreie szenische Auflösung zu einer Wahrheit, die in den Lesenden erst im Laufe des Textes hervorgerufen wird; als einer jener klaren Gefühlsmomente, wie sie Lucia Berlin in allen ihren Texten zur Anschauung bringen wollte. Denn da ist noch das »Hallo« von Max, das die gesamte Erzählung strukturiert. Nach diesem Hallo im Bad, wo die Spritze liegt, bekommt sein charmanter Gruß am Telefon einen Riss und die Geschichte eine zweite, dunklere Dimension.

In derselben Geschichte heißt es weiter vorn: »Ich wusste damals nicht, was das eigentlich hieß. *Heroine*, das hatte für mich eine schöne Bedeutung … Jane Eyre, Becky Sharp, Tess.«

Hier funkelt Berlins Gespür für Humor auf, ihre grandiose Fähigkeit, noch in der schlimmsten Verzweiflung das Komische zu sehen. Wo sie sich im Erinnern der eigenen widersprüchlichen Gefühle bewusst zu werden sucht, gibt ihr das literarische Schreiben die Freiheit, die Widersprüche umzugestalten. Sie filtert zwei Gefühle heraus und veranschaulicht sie getrennt voneinander. So nimmt sie die dramatische Aufladung aus dem Moment im Bad heraus und kann ihn als etwas Alltägliches beschreiben, ohne seine Wahrheit zu verfälschen. Denn dieses Vorgehen hat den Effekt, dass sowohl die Ahnung von Tragödie als auch das Komische intensiver aus den Sätzen strahlen.

Ein Wort und seine Bedeutungsverschiebung – heroine – genügen ihr, um die Unerfahrenheit der Ich-Erzählerin in Sachen Drogen zu verdeutlichen, die zusätzlich durch den Hinweis auf prägende Filme und Bücher an Kontur gewinnt. Und ebenso wie beim Lautmalerischen, das Lucia Berlin oft atmosphärisch einsetzt, tritt im Spiel mit dem Wortklang das sprachliche Material selbst hervor, der Werkstoff des Schreibens. Der aber schillert vor Mehrdeutigkeiten. Mehrdeutigkeiten, die die Wirklichkeit in die Möglichkeitsform versetzen.

Die Beschaffenheit der Menschen und Orte und Erfahrungen, ja, die Erfahrungen selbst ändern sich, je nachdem, wie es die Logik der Geschichte verlangt. Das Erzählen gestaltet das Erlebte um, macht es möglich, verleiht ihm eine Tiefe, wie sie die willkürlichen Ereignisse der Biografie aufzubringen nie imstande wären. Das Wort, das Henriettas Erfinderin auf die beschlagene Fensterscheibe schreibt, müssen wir nicht kennen. Es steht für eine Wirklichkeit aus Sätzen, die Lucia Berlin wie Brücken über den jederzeit spürbaren Abgrund der Realität spannt.

Aber meisterhafte Literatur ist auch deshalb meisterhaft, weil das pralle Leben so aus den Zeilen pulsiert, dass man versucht ist, es für das echte zu halten.

Zitatnachweise

Seite 29: *Sag Meer – nimmst du mich auf?* und *Ich mag den Blick der Agonie, denn der ist sicher wahr*:

Emily Dickinson, Sämtliche Gedichte, zweisprachig, übersetzt von Gunhild Kübler, Hanser, München 2015, S. 183: *Teil drei: Liebe* und *Teil vier: Zeit und Ewigkeit.*

Seite 29: *Jede Frau liebt einen Faschisten*:

Sylvia Plath, Ariel, englisch und deutsch, übersetzt von Erich Fried, Suhrkamp, Frankfurt am Main 1988, S. 109: *Papi.*

Seite 29: *Geh nicht gelassen in die gute Nacht*:

Dylan Thomas, Windabgeworfenes Licht – Gedichte, herausgegeben von Klaus Martens, Hanser, München 1992, S. 367: *Geh nicht gelassen in die gute Nacht*, übersetzt von Curt Meyer-Clason.

Seite 29: *Wende dich ab, frohlocke*:

William Butler Yeats, Die Gedichte, herausgegeben von Norbert Hummelt, übersetzt von Marcel Beyer, Mirko Bonné, Gerhard Falkner / Nora Matocza, Norbert Hummelt und Christa Schuenke, Luchterhand, München 2005, S. 123: *Für eine Freundin, deren Werk zunichte ward.*

Seite 29: *Und Meilen Wegs noch bis zum Schlaf*:

Robert Frost, *Innehaltend inmitten der Wälder an einem Schneeabend,* übersetzt von Paul Celan. Veröffentlicht in: Neue Rundschau, 74. Jahrgang, Heft 3 (1963).

Seite 156: *Soll ich vergleichen einem Sommertage dich der du lieblicher und milder bist?*:

William Shakespeare, Sonette, übersetzt von Stefan George, Reclam, Stuttgart 2000. Aus: *Sonett XVIII.*